大宮エリーの東大ふたり同窓会

まえがき

大宮エリー

気づきましたか？　東大の赤本。装丁を過去問集に似せているんですね。そう、人間過去問みたいなもんです、この本は。東大に行って、そしてその後、いろんなジャンルで活躍されている方々の人生追跡です。東大出身というと、世間が作った物差しで見られがちだけれど、今回対談したみなさんは、それはそれは多様で、自由でした。東大に合格するまでの道のりや、東大時代に打ち込んだことなどたっぷり聴かせてくださり、こんなふうに東大出身の著名人の話を一気に読める本はほかにはないのではないかと思っています。

私が東大に行ったのは、東大が所有している小石川植物園（東京都文京区）の園長さんになりたかったからなんです。父の影響で、小さい頃から植物が好きで、研究者になりたかった。そのあと、父が病気になって、3年生からの学部を決める「進振り」では植物を学べる農学部ではなく、薬学部に進学するんですが、それが合わなかった。そんな私からすると、対談したみなさんの話は、私が夢見ていた学生生活を送っていて、まぶしく感じました。

私自身は、卒業後は広告会社に就職したわけですが、そこでも、「東大」という肩書が、すごくプラスに働いたかというと、そうではなくて。それに、薬学部なのに、研究職ではなく、文系就職したのも、風当たりがなかなかでした。そんなこともあって、会社員時代もあんまり「東大」って言いたくないなという感じでした。

で、結局、会社勤めも合わず、30歳のときに辞めました。これからどうしようかと思っていたら、週刊文春の連載が決まってエッセイを書いたり、映画監督の仕事をしたり、脚本の仕事をしたり。他にも、テレビ番組でコメンテーターの仕事もやらせてもらいました。独立して、一生懸命、〝大宮エリー〟というお仕事を守っていかないといけない、展開していかないといけないと、ひとりぼっちで格闘していました。そんな頃です。プロフィールに「東大出身」って書かれそうになるたびに、意固地になって消してもらっていました。

東大っていうのは、私には不要だと思っていたのです。色眼鏡が嫌だったのです。自分に合わないし。固定観念や先入観なく、誰かと出会いたいな、自分を知ってほしいなというのがありました。

それから随分経って、50手前になってですね。面白いもんです。東大という経歴も、もう消さなくていいや、ってなった。年を重ねたというのもありますが、自分のキャリアが積み重なったから、あ、東大が気にならなくなるっていう感じがしたんでしょうね。

そんな頃、ＡＥＲＡで連載「東大ふたり同窓会」が始まりました。連載のきっかけは、確か、「理系女子」をテーマにした企画で、私がインタビューを受けたことです。そこで、東大の同窓生たちとの対談連載をやりませんか、みたいな話がでたんです。

それと、その頃、大学入学共通テストの日に、高校生が東大前の路上で受験生や通行人を刃物で刺すという驚くべき事件がありました。動機は、東大理Ⅲを目指して勉強していたけれども、成績が伸びなくなり、自信をなくしたから、というものでした。なぜそんなことが起きちゃうんだろう、東大ってなんだろう、と思って、東大出身のみなさんに話を聞いてみたいと思いました。

この本を手に取ってくださったみなさんも、学生の頃も社会に出てからも、出身とか、つながりとか、所属とかで、色眼鏡で見られたことがあると思います。私だって、悲しい思いや窮屈な思いをいろいろしました。でも、いまは、そのときの経験が生きている気がします。「いま、私の境遇はあんまりよくないけれど、でもそれは、自分が変えられる。環境は変えられる」と思えるから。

これを、自分一人で言っても仕方ないですし、そのこと自体もなんとまあ、説教くさいことか、面白くもなんともないので、それで、東大出身のいろんなかたのお話を聞いて、それを誌面で読んでいただけたら、東大を目指す学生さんや親御さん、そして東大生や卒業生が、「ふーん」というふうになることもあるのではないかな、と思ったわけです。人の話ってね、面白いんです。

受験では〝答えは一つ〟の世界で勝負だけど、世に出ると真逆の〝答えは一つでない〟世界で生きていかないといけない。この本には、そうした世界で生きていくための、何か、ヒントになる種が落ちていますので、ぜひね、読んでいただけたらと思います。東大本ではありますが、「生きざま収集本」だと、私は思っております。

もくじ

イラスト：田渕周平
デザイン：グルーヴィジョンズ

大宮エリーの東大ふたり同窓会

世間が作った「東大イメージ」吟味することが大事

養老孟司さん

ようろう・たけし／1937年、神奈川県鎌倉市出身。62年、東京大学医学部卒業。東京大学で医学部教授や総合研究資料館館長などを経て95年に退官。趣味は昆虫採集。近著に『人生の壁』（新潮新書）

東大って枠を外したほうがいい
合格証を卒業証書にしちまえ

大宮　私、東大出身であるのが色眼鏡で見られるから嫌だったのですが、最近、母校のことを知りたい、話したいと思うようになって。それで、対談の第1回で養老先生に会いたいと希望しました。

養老　こちらこそ、どうぞよろしく。

大宮　先生は東大の学生であり、そして東大の教員という両方から東大を見られましたよね？

養老　学生時代の18歳から57歳までいたんです。通算すると39年。

大宮　えー！　長い！　では、東大愛みたいなものが？

養老　それは慣れた場所ですから。僕は面倒臭いというか居場所を変えるのが苦手で。慣れているのが一番。

大宮　ラクなんですね。

養老　東大に関しても慣れているっていうところが。

大宮　東大生に教えてらした頃、自分たちの学生時代に比べてバカになったなぁというのは？

養老　それは……とにかくいろんな人がいましたね。試験の基準だけで切っているので、それ以外についてはぴんきりで。

大宮　私たちの頃は、東大生がバカになったと言われ、先輩方に申し訳ないという思いでいっぱいでした。先生もそう思って教職を辞められたのかと。

養老　そうじゃないです。どこにいても同じだったと思います。

大宮　私の東大愛でいえば、建物が好きでした。

養老　それはありますね。関東大震災直後に建てられた建物で、当時としての対策は万全で、非常に丈夫で、天井は高いし、気持ちよかった。

大宮　安田講堂や図書館も風情があって。そういうところで学べるってワクワクでした。

養老　医学部本館は昭和12年から使われていて。自分が生まれた年だから肌が合うんじゃないかなと。戦後に造られた建物と比べたら雲泥の差がありますね。当時の建設費を今のお金で計算したら、戦後の大学に対するお金のかけ方の不十分さが出てくると思うんです。

大宮　先生はどんな学生でした？

養老　周りには、本を読みながら歩いているやつがいたら、お前だとわかる、と言われていました。

大宮　私も受験勉強は歩きながらしてました。「二宮金次郎」って言われてました、陰で。

養老　「逍遙（散歩）学派」っていうんです。歩きながらのほうが頭が回るんですよ。

大宮　教えてらっしゃって印象に残ってる生徒さんいらっしゃいます？

養老　下宿の壁と天井に解剖のデッサンを描いたやつですかね。

大宮　!!　アーティストですね。先生、いまでも覚えているすごい授業もあってこれは次回に話しますが、つまんない授業も結構あって……。大学の最高峰と言われたりするのにどうしてそうなっちゃうのかと。

養老　教師は「シラバス」といって、1学期分の講義予定を全部書かされる。そうなると学生だっておもしろくないでしょ。僕は「教師が途中で気が変わったらどうするのか」と書かなかった。

大宮　講義はセッションですからね。先生、東大を面白くするにはどうしたらいいでしょう？

養老　東大って枠を外したほうがいい。研究者ってわがままだから基本的な給与をあげてあとは好きにしろと。一番いい方法のひとつは、今のような状態だったら東大は入試を通ったらそれを卒業証書にしちまえって。学歴ってのが重要なだけだから。そうして本当に勉強したい学生が残ってくれれば教師も考えます。

三四郎池でミミズを捕まえネズミにやっていました

大宮 私、東大ですごく印象に残っている授業があって。北海道・富良野の演習林や野山で散策するというのがあったんですよ。野生の植物を見たり昆虫を見たりする……。

養老 行きました？

大宮 行きました！ すごく楽しくて。でも、自力で（現地に）来いって書いてあったんです。みんなオロオロしながらとりあえず富良野駅に行って、夜はビニールハウスで夕張メロンを食べさせてもらって。授業というか、自然の中で対話というか。いろんな専門家、現地の方に、菌類など教えていただきました。

養老 文章も書かなかったでしょ？

大宮 レポートも書きませんでした。来たら単位やるって。

養老 正しいと思いますね。僕は解剖の実習をしていましたけど、自分でやらなきゃしょうがない。講義なんか年に1回しかやりませんでした。

大宮 え？ 学生はどうしてたんですか？

養老 あとは解剖実習ですよ。1時から4時までなんだけど、下手くそなやつは夜の10時までかかるんですよ。手際よく物事を進めるということをある程度覚えてほしい。

大宮 富良野的ですね、野に投げ込まれてる。そうだ、いろいろな大学にお邪魔しましたが、東大って実はとても自然豊かですよね。

池とかもあるし。先生は行ったことありますか。

養老　あります。学生時代には三四郎池のほとりで、ミミズを捕って、ネズミのえさにしていました。

大宮　ネズミにえさをやっていたんですか!?

養老　トガリネズミを飼っていたんです。かわいいですよ。モグラの親戚です。北海道で捕まえてかごに入れて夜行列車で連れてきました。そいつが生きたエサしか食べないので。

大宮　先生、めちゃくちゃなことをしてますね。

養老　そういうことをするには、およそ向かない学校でしたね。ミミズを部屋に持ち帰ってネズミにあげると、食べるんです。でも、1週間食べさせていたら、もう食べなくなりました。動物だってわかるんですよ。食べ物が偏るって。

大宮　次のえさは？　ダンゴムシとか何か？

養老　いろいろですよ。コオロギとか。僕は実験用に飼っている動物っていうのは、動物じゃないと思ってて。とにかく冷暖房完備の建物で、えさと水に一切不自由しない状況で生きていますから。解剖して体の中を見るでしょ。生活に要らない部分がたくさんあるんですよ。今の人間もそう。冷暖房完備で、決まった硬さの地面しか歩いていないし。

大宮　退化している？

養老　家畜化です。解剖学では古くから人間は自己家畜化したと言われていて。行動パターンも完全にそうですね。過去に経験していないと適切な判断ができない。

大宮　なるほど。私も周囲で「イレギュラーなことがストレス」という方が増えてきてビックリしています。イレギュラーこそ面白いと思うんですけど。それは家畜化なんですね。

養老　家畜化と呼んでいるんだと思います。実験室で飼っていたら何のためのものかわからない性質がたくさんあるわけ。例えば唾液腺。子育てしている雌ならしょっちゅう子どもをなめるでしょ。でも実験室で決まり切った環境だとわからない。

大宮　生き物を調べるには野生の状況で調べるのが正しいんでしょうけど、物理的に難しいですもんね。

養老　そういうふうに、わかりやすいところだけわかるってのが、今の科学なんですよね。

なぜ物差しを一本にするのか「世間の常識」を吟味して

大宮　先生は東大の同級生と今でも友達ですか？

養老　もう死んじゃって、あんまりいませんね。

大宮　もともと話が合うな、とか？

養老　友達も東大出身にこだわっていませんよ。どうして物差しを一本にするのかなと思う。

大宮　どうしてですかね。

養老　ラクだからでしょ。

大宮　腑に落ちました。

養老　僕は「ともあろうものが」がつくところには行くなって思っているんです。「東大生ともあろうものが」とかね。世間に固まった常識があって、そこから外れると、「とてもあろうものが」になる。

大宮　窮屈なことが結構ありますね。

養老　世間が勝手に作っているイメージでね、そんなものに合わせなければいけない理由はどこにもないんですけど。

大宮　やっぱり、東大っていう物差しで見られちゃう。私の場合は「なのに、こう」でした。「東大なのに、スキューバダイビングのインストラクターやっているのか」「薬学部なのに、薬剤師の国家試験さぼるのか」っていわれるのが嫌だったり。あとは、東大生はすごく頭がいいと思われちゃうけど、私、クイズができないんで。バイアスがかかるのが嫌で（東大卒を）伏せていました。東大っぽくないって言われてきましたけど、最近は東大でよかったなっていう気持ちが芽生えてきて。先生、そんなことないですか？

養老　本当のバカではない、と疑いは持たれないですね（笑）。

大宮　先生は以前、東大と社会との塀の上を歩いているとおっしゃっていましたよね。

養老　塀の上を歩くって結構芸がいるんです。中に落ちるとそのシステムに組み込まれちゃうし、外に落ちたら、まったく無関係ですから。塀の上だと中も外もよく見えるんです。

大宮　制限があり、物差しがあるからこそ、物差しを折ってやろうという気概が生まれるんですか。

養老　物差しそのものを吟味するっていうのが大事な作業になるんです。なんでそんな測り方するんだよって。

大宮　中にいるとそういう目が育つってこ

とですよね。

養老　ストレスがあるから、別の世界を持たないといけない。それが僕の場合は虫、自然ですね。東大だけじゃない、全然違う世界。

大宮　ストレスがあるから東大で良かった部分もあるんですね。

養老　そうですね。東大時代はストレスで生きていましたよ。だから本を書く。ストレスがなければ何にも書かなかったですね。

大宮　ロシアのウクライナ侵攻についてはどう思われますか？

養老　19世紀が戻ってきてるなって。よくあんなことをやるよね。

大宮　人間は結局繰り返すんですね。全く成長しないというか。

養老　ぼろぼろになってしまってこのあとが大変でしょ。僕は２０３８年に起こるともいわれる東南海地震を一番気にしているんですけど、問題は災害の後の復興。元の形に戻すつもりか、みんながこんな生活をしたいという新しい国土観で造るのか。

大宮　東大出身で官僚の人が多いと思うんですけど、そういうことに関して東大は教育してるんでしょうか。

養老　考えていないと思うから僕が言うんでね。具体的に問題を設定しないとなかなか考えないですよね。それでわざわざ地震の話をした。みんながどういう暮らしを望んでいるのか。まじめに考えなきゃいけない時期にきているんじゃないかね。

東大の物差しをぶっ壊して社会に新風を起こすひと

同窓生ということで、憧れの養老先生とお話しした。養老先生みたいな、「挫折？　ないねぇ」という天才がいるのが東大のすごさなんだよなぁとつくづく。そして、養老先生みたいな、研究室でトガリネズミを飼って、三四郎池で餌を調達しているような、おもしろい変人がいるのも、東大のおもしろさなのである。

ここからがあまりいないのだけれど、養老先生は、東大の物差しを、ぶっ壊しながら生き、東大という枠組みのなかで、これが偏ったものだという認識を持ちながら、社会に対して新しい風を起こしてきた。こうしたひとがもう少し増えたら、世の中がちょっとよくなるのに、と思う。

偏差値教育にしても、数字で測るのはよくないと言われ続けているけれど、それが改まることもない。理由は楽だから。

なかなか改まらない悪しき習慣。ならば、うまく世の中の古い枠組みに、わかっていながらあわせたり、あわせなかったりして泳いでいくしかないのではないか。受験では、〝答えは一つの世界〟を生き抜きつつも、これは世に出ると真逆で、〝答えは一つではない〟になることをわきまえながらとりあえず頑張るという具合に。また、何事も絶対はないわけで、東大はおもしろいところであっても東大だけがそうなわけでもない。

先生は「化学は苦手なんですよ」とおっしゃっていた。その理由として、「私が感じている世界と感覚的につながっていない」と。分子は見えるわけでもない。例えば、H_2Oという化学式と、そして手にとったときの水。水は身近にあるから、この化学式を、これなのかと体験ができるけれど、このギャップを全てに関して、埋めていくのは難しい。そうすると学問がどんどんリアルとかけ離れていく。そのことをどこかで自分で認識しながらいかないと、机上の空論を実感がともなわないままリアルのごとく振りかざし、世の中からのギャップがとてつもないものになってしまう危険性もある。

それは実学とか虚学とかではなくて、人間らしい気持ち、感情とつながれるかどうかということなのかなとも思う。東大で一番思い出に残っている授業は、「自力で富良野に来たら単位あげる」という授業でしたと伝えたら、養老先生が目を輝かせて、「あの先生のいた頃だよね!!　行った?」と。うれしかった。人間らしい気持ちの共有。

物理が好き、と養老先生に伝えたら、あれは哲学だよねと盛り上がった。机を押すと、同じ強さで机が私を押し返している。これが物理という学問なのだ。学問はロマンというエッセンスが必要だと自分は思う。

養老先生は実験動物が、野生と違って冷暖房完備で退化していく、そして、人間も退化していると指摘されていた。とにかくイレギュラーに弱いんだよね、と。

戦争が起こり、地震も多発する中、そのイレギュラーへの危機意識をどこか他人事にしていてはいけない。野生の人間であれば、国家などと言っていないでどう生きるだろうか。

昨今、ビジネスに使えるかどうか、すぐお金になるのか、そうでなければその教育が無駄という風潮もみられる。養老先生と話していてやはりそうではないと実感した。

無駄はロマンであり豊かさ。野に生きる知恵につながっていく。いろんな物差しがあるということ。その物差しは自分で生きながら作るもの。それは自分の人生だから。

ルソーの「自然に帰れ」を先生と話しながら思い出していた。


2022年4月11日号〜5月2−9日号掲載

駒場の図書館が
すごく好きで
入り浸って作詞してた

小沢健二さん

おざわ・けんじ／1968年、神奈川県出身。93年、東京大学文学部卒業。代表曲に「ラブリー」「今夜はブギー・バック」「ぼくらが旅に出る理由」など

朗読も、綿密な歌詞も
僕は東大文Ⅲそのまんまです

大宮　今まで小沢さんとお会いしても、大学の話なんてしたことなかったですよね。

小沢　全然ない、ない。

大宮　数年前に大カラオケ大会で会いましたね。誰の企画だったのかな。

小沢　あれは僕だったんです、実は。僕、パーティーが好きで。

大宮　相当盛り上がって、あれはエンターテインメントでしたね。小沢さんも歌ってくだ

さって。

小沢 当時アメリカに住んでいて、日本のカラオケは特にクールだと思っていました。今もアメリカに家はあるので、帰れるなら帰りたいんですけど、コロナで帰れなくなって。

大宮 以前、東京オペラシティでのコンサートに行きましたよ。

小沢 ありがとうございます！ 2012年のですね。曲と曲の間にすごく長い朗読をやって、朗読劇なんだか、コンサートなんだか（笑）。

大宮 すごいよかったです。影絵もあって、朗読も素晴らしくて。

小沢 僕はコンサートでMCするのが苦手なんです。ぱっとおしゃべりしてすごく面白いことを言うみたいなのもできない。だから、歌詞と同じように全部書いて全部読むんです。2020年はインターネット番組で、1時間半朗読だけの配信をやったら、ものすごくたくさんの方が見てくれて、DVDも売れました。朗読は、それこそ大学の延長なんですよ。

大宮 そうなんですか!!

小沢 文学とか美学とか勉強するじゃないですか。そんな流れで、自然に朗読をするようになっていって。

大宮 うんうん。

小沢 もちろん、音楽でポップソングを作るのは得意だけど、それ以外の部分、劇っぽいこととか、哲学っぽいこととか朗読でやるようなことが元にあって、その昇華としてポップソングが出てくる。

大宮 みんな小沢さんの音楽も好きだけど、その哲学的な部分にひかれていたから、朗読もがっぷり四つで向き合うんでしょうね。

小沢　なんか変な話ですけど、それこそ、僕は東大文Ⅲそのままです。今もそうですけど、僕はかなり綿密に歌詞を書くので、そういう根気の良さとか、仕掛けっていうか。ここでこう言ってたことが、ここでこうなるみたいな書き方は。あと、哲学っぽいこと、歴史の上に立って考えたこと、教養学部っぽいことを歌詞に入れたくなるんです。

大宮　なんで東大を受けたんですか。

小沢　うん……いや、あんまり深くは考えてないかな。東大に入るのに必要なのは受験でしょ。でも受験に受かるのは小さな特技だよね。人間に100億通りくらいの属性があるなかで、記憶力がいい特技のある人の集まりっていうだけ。

大宮　うんうん。

小沢　大学のブランドとか大学名で云々、というやつは、あれは何にも意味がないんだなっていうことが、東大に入ると一番わかった。

大宮　入ってそう思いましたか。それとも社会に出てからですか。

小沢　入っているときかな。当時、ロック雑誌の撮影を中断してさ、「これから大学で授業なんで」って抜けるときとかすごい冷やかされた。だけども、実際には東大生とか東大教官の世間的なイメージなんて虚像で、大学に行けばみんなが普通に暮らしている。だから人に対する変な偏見もなくなって。

大宮　普通だという側面もあるけど、いい出会いもあるじゃないですか。

小沢　それはある。だから、今も感謝しているし、それこそ、大宮さんがふたり同窓会やりたい、みたいな気持ちもわかる。

駒場の図書館がすごい好きで そこで作詞もしていました

大宮　聞いてみたかったんですが、大学時代、ちゃんと勉強しましたか。

小沢　駒場（キャンパス）の教養学部時代は、特に授業も先生も大好きでした。

大宮　えええええ！

小沢　大学に入ってすぐ、ある先生に「高校まで習ったことは嘘ですから」って言われて。僕、高校ぐらいのとき、そもそも歴史は国家に都合よく書かれ、あるいは戦争で勝った国家に都合よく書かれ、もっと広く言えば白人至上主義に都合よく書かれ、都合のいい世界観を与えるためにあるんじゃないか、みたいに思ってました。だから、受験では教科書のとおりに答えるけど、おそらくすごく捏造されているんだろうな、と。

大宮　うん。

小沢　だけど、どういうふうに、なぜ捏造されているのかっていうのは、高校生じゃ正直、わからないわけで。

大宮　うんうん。

小沢　それが大学に入った瞬間、いろんな先生が話してくださった。

大宮　じゃあ面白かったですね、東大の授業って。

小沢　教養学部の授業は全部好きでした。その時はフリッパーズ・ギターというバンドをやっていたけど、音楽と勉強でもう本当寝る時間ないぐらい、面白い生活だったんですよね。

大宮　文学を学んで、歌詞に影響することもありましたか。

小沢　どっちだろうな。鶏が先か卵が先か。でも、寝ないで音楽やって、寝ないで本読んで、みたいな日々がなければ、例えば「天使たちのシーン」の歌詞はできなかったんですよ。

大宮　そういう意味で言うと、東大で、よかったかもしれないですね。一般教養の好きな科目を取っていいシステムじゃないですか。

小沢　そうそう、あれ大好き。あれはビュッフェですもんね。

大宮　私も、理系だったけど演技論とか取っていました。

小沢　僕も理系っぽいのも取ってました。「科学史」なんかは、つまり西洋史というか哲学史みたいですごい楽しかった。今、学生だったらもっと取りたい授業がいっぱいある。

大宮　2年間、偏りなく、いろんな学問を吸収してたんですね。

小沢　そうですね、本郷（キャンパス）でも印象深い授業はあったんですけど、駒場がすごい好きで。音楽のスタジオって駒場の方にあるじゃないですか。だから駒場の図書館に、卒業するまでずっといましたね。

大宮　まさかそこで作詞してたわけじゃないですよね。

小沢　作詞もしてましたよ、余裕で。昼間は音楽雑誌の撮影をして、夕方から次の日のテストのために駒場の図書館に逃げ込んだり。当時の図書館は2階建てだったんだけど、あいうのんきな建物じゃなくてさ、高層ビルの36階とかにある会議室みたいな図書館だったらさ、多分入り浸らなかったと思うんだよね。

大宮　本がいっぱいあるのが好きなんですか。

小沢　本がいっぱいあって、しかも自分が持ってない、あの気楽さ。

大宮　ああ、なるほどね。それは何でなんですか、たくさん読みたい本があるから？

小沢　いやもう、わかんない。時間の流れが違うっていうか。

大宮　わかります。なるほどね。やっぱ小沢さん、時間とか空間がやっぱ大事なんですよね。時空を歪めながら生きてるのかもしんない。

小沢　さすが大宮エリー、それだよね。本当そう。だから今もコンサートで何やってるかって、なんか時間空間を一生懸命つくってるんだよね。

僕はアホみたいに勉強が好き今も論文読んで曲を作ってます

大宮　最近東大に行ったりしますか。

小沢　結構行きますよ。

大宮　えー！　何をしに??

小沢　普通に三四郎池とか散歩して。

大宮　うそー！　小沢さんいたらびっくりしちゃうね。

小沢　いや全然余裕で。自分の世界に没頭している人がいっぱいいなんで。

大宮　思索にふけっている人、結構いますよね。東大って、おおらかというか、図書館に赤いじゅうたんがあったり、やけに大きかったり、池や自然もあったりで、すごく……。

小沢　優雅！

大宮　そうそう、いいですよね。

小沢　ぜいたくな空間。だけど、そこに行ける人間を選ぶ判断基準が受験でいいのかと思います。もうちょっといい基準がないのかな。くじ引きじゃだめ？

大宮　２０２２年、東大の門の前で受験生が切り付けられる事件がありました。「東大に受からないと人じゃない」と思う人もいるようで。なんでそうなっちゃうのかな。

小沢　その東大像は謎ですよね。社会が作っているよくわからない変な締め付けみたいなものの象徴として、「東大」という言葉があると思う。

大宮　東大がうんぬんじゃなくて、社会の締め付けがそこにある、と。

小沢　そうそう。東大はそのシンボルにされているだけであって、社会全体にギュッと押しつけられているものが、東大という一点からケチャップがビュッと出るみたいに出る、というか。

大宮　なんでそんなふうに追い込まれちゃう人がいるのか解せなかったけど、なるほど。その数値化された受験をくぐり抜けて東大に入ったけど、結局、小沢さんは数値化されない仕事をしてるわけじゃない？

小沢　めちゃめちゃ数値化できないね。エリーさんもそうでしょう。

大宮　そうなんですよ。もしかしたら私たち異色かもしれないね。

小沢　言っとくけど、僕、数字は全然取れない人ですから。「今夜はブギー・バック」という曲をみんな大好きと言ってくれるけど、シングルチャートは最高で16位ですよ。

大宮　えー！　体感でいくと、ずっと1位な感じだけどね。

小沢　それはね、みんなが「この曲いいよ」と強い愛を持って言ってくれるから、全体としてすごいんだな、みたいになるわけで。

大宮　だから続くんですよ。ずっと褪せないっていうか。1位を取っちゃうと、その時代の何かって感じになっちゃうし。小沢さんは学生時代に勉強されてましたけど、今は？

小沢　いまだにしてますよ。勉強大好きだもん。

大宮　どういう勉強を？

小沢　変な論文をいっぱい読んでます。最初は文学を読んでたけど、文学なるものに噴出してくる社会がうんぬんとかっていう話になると、論文とかの方が手っ取り早いから。

大宮　最近読んだのはどんな論文？

小沢　うーん、「ファイナンシャリゼーション」関連が多いですね。お金の力が、一見お金と関係ないものにどう関係するか、みたいな。

大宮　そういうの大好き。どんどん論文を読んでほしいです。そして歌詞として潜り込ませてください。

小沢　一番新しい「So kakkoii 宇宙」というアルバムは、全体にそういうやつが歌詞になってて。「流動体について」っていう曲もそう。

大宮　へえ。

小沢　今のとんでもない世の中で、流動体の中にいるっていうことを感じる曲を書けて、それこそアホみたいに勉強が好きで、論文読んでるような人間でよかったなって思う。

書籍初出しスペシャルコンテンツ

徹夜で録音してそのまま駒場 僕の歌詞は教養学部っぽい

小沢　当時は「フリッパーズ・ギター」っていうバンドやってたんだけど、勉強も好きで、もう寝る時間ないぐらい面白い生活だったんですよね。

大宮　バンドやってたら、授業出てないんじゃないかと思ってました。

小沢　もう全然！　徹夜で録音してそのまま駒場（キャンパス）行って図書館で全部詰め込んで。

大宮　すごい！　英文科でしたっけ。

小沢　柴田元幸先生って、今は「MONKEY」っていう雑誌の編集長もやってらっしゃる翻訳家がいて。

大宮　うんうん。

小沢　僕が入学したとき彼はまだ助教授で。僕はもともと彼のエッセイが好きで。だから入学してあっという間に友達みたいになってしまって。

大宮　すごい！

小沢　彼も音楽大好きだから、本当に話が合ったし、先生んちに行って、先生が「もういらないよ」というレコードをもらったりして。

大宮　へえ。柴田先生もたまに朗読のライブやられてますよね。

小沢　そう、あれはなんとなく僕の影響なんじゃないかって思ってて（笑）。聞いたことないけど。友達ってね、影響し合うじゃないですか。

大宮　ってていうか、小沢さんの在校時代、変な目で見られてなかったんですか。だって東大生なのに、いきなりメディアにバンバン出てて。

小沢　最初にCDを出してデビューしたのは21歳のときだったので、それこそ大学に通いながら、なわけで。だから割と同年代に比べると早いんですよ、世に出たのが。その中で、聞いてくださった同年代が多いことは今も本当に嬉しいし、なんか俺、同年代にちゃんとモノ言ってるみたいなこと、すごい思ってましたね。みんな隠さずにオザケン好きだったんだよな、みたいなことを言ってくれるって、本当に感謝で。

大宮　みんな、小沢さんの音楽も好きだけど、やっぱその哲学的なところに惹かれてるんだろうな。

小沢　僕、かなり綿密に書くので、歌詞を。

大宮　うん。

小沢　そういう根気の良さとか仕掛けっていうか、ここでこう言ってたことがここでこうなるみたいなことは、なんか、寝ないで本読んじゃうみたいな書き方で。そういう意味では、大学生っぽいし教養学部っぽいっていうと変なのかな。

大宮　なるほどね。

小沢　僕は一時、心理学なるものの人間を管理する技術としての使用にすごく興味があって、学会誌みたいのに書いたこともあって。

大宮　へえ。

小沢　なぜ知りたいかっていうと、それが自分たちに影響してるってことがおもしろいし、そういうのが自分ってやつを作っているわけじゃないですか。

大宮　なるほど。

小沢　自分は全く自由に一人で生きてるわけじゃなくて、誰もが社会なるものからいつもいつも侵食されながら、そこと折り合いをつけながら生きているっていうことは、なんとなく多分僕の歌詞にはずっとあると思うんですよね。「俺は一人で生きてる、最高だぜ」っていうふうに僕は思えなくて、いつもなにか他人や他の国家なり、企業なり、資本主義なり、戦争なり、なんやかんやと干渉の中で人間が生きてるって思っているから、それでそのエリーさんがおっしゃったその哲学っぽい感じみたいなのが出ちゃうんですよね。ラブソングを書いていても、やっぱりその2人がどう思っているかだけでは済まないんですよ。

オザケンが学問の生かし方の無限の可能性を証明してくれた

小沢さんに出会ったのは、数年前、スチャダラパーのＢｏｓｅさんから誘われたカラオケ。少し大きめな部屋にフレンチフライやからあげがあって、なんといってもオザケンが来日したから、「おかえりパーティー」ということだった（と思っていた）。

「自分の曲じゃなく、ここにいる誰かの曲を歌って」

本人がいる中、他人が歌うもんだから当然盛り上がる。その２次会でＢｏｓｅさんに、「小沢くん、エリーは後輩だから」と紹介された。

以来、小沢さんといえば先輩、先輩といえば小沢さんという思い込みができた。そしてこのたびの対談。冒頭、そんな昔話を振ったらば、

「あれ、僕の発案だったんです」

え？　Ｂｏｓｅさんあたりでは？

「アメリカに住んでるころだったので、日本で一番かっこいいのはカラオケだろうって」

もうのっけからオザケンだった。軽やかに、風のようにかっこいい。歌も素晴らしいのだけれど、話も彼の思考があるから惹き込まれる。

意外だったのは、在学中、すでにミュージシャンとしてブレイクしていたのに、かなり勉強し、論文も読まれていたこと。

「大学1年で入った状態で、東大の教養学部ってさ、〝はい、高校まで習ってたこと全部うそですから〟って言われるじゃないですか」

と言われ、嫉妬した。

私は高校時代、すごく生物が好きで、将来、研究者になると思われていたくらい、ひたむきだった。

質問するたび、先生が困惑し、「確かに君の言うのが真実で、大学ではそう教えるんだけど……今は忘れて」だったのが、大学に入ると悲しいかなその熱意は消滅していった。

だから、小沢さんがまぶしかった。高校までの熱量と同じ、いやもっと雄大な熱量で学問に向き合っていたんだから。

朗読や影絵などもされていて、私も東京オペラシティに見に行ったことがあるけれど、東大時代のよき文学と哲学の香りそのままに、小沢さんは作品を作ってきたんだな。

教授とも「友達」といい、いまだ交流があるという。

「米文学の柴田元幸先生とは、今も仲いいんですけど、もともと彼のエッセイとかが好きで、だからあっという間に友達みたいになってしまった。彼も音楽大好きだから、本当に話が合ったし、先生んちに行って、もういらないよというレコードをもらったりして」

唖然とした。私の夢見ていた学生生活を、ひょいと軽々やっていた。教授なんて、知的レベルの雲の上と思っていたのに小沢さんはそのレベルにひょいと行って、サロンみたいに交流していたのだから。

対談をしながら、彼の作品を奥深くしている根底の何かが学問であることを確かめ、それが東大という場で生まれたことにうれしくなった。東大よ、よかったな。

そして東大キャンパスにオザケンがいただけで、学問の生かされ方の無限の可能性が証明された気がする。

ブランドなんか関係ない。自分が何が好きでどう生きたくて、どう沼になれるか。それは東大だからいいわけでも、東大じゃないからだめなわけでもない。たぶん、そうたいして変わらない。興味を炸裂させ、学び、自ら生み出しもする、そのバランスというのは大事で、どちらも寝る間も惜しんでやったひと、オザケン。

東大生よ、私の分まで、オザケンたれ。

2022年5月16日号〜6月6日号掲載

卒業式はボイコット
ジーパン姿で
デモしに行った

加藤登紀子さん

かとう・ときこ／1943年、ハルビン生まれ。65年、東大在学中に歌手デビュー。66年、「赤い風船」でレコード大賞新人賞。68年に東大文学部を卒業。「ひとり寝の子守唄」「知床旅情」など多くのヒット曲を世に送り出してきた

高校時代、学生運動で成績ダウンも「今しかできないこと」優先

大宮　実はちらっと学生時代にお見かけしたんです。赤いワンピースの登紀子さんが駒場寮に来られて。廃寮に反対する運動があった頃です。

加藤　ああ。廃寮反対を支援してほしいと学生に頼まれて、「寮を1回見たいわ」って言って、赤い服を着ていったと思う。コンサートもしたんだけど、（東大卒で、ドラゴンクエストの音楽も手がけた）すぎやまこういち

さんも一緒で、彼が学生たちにこう言ったわけ。「僕は今日ここに来て、がっかりしたことがある」って。

大宮　なんです？

加藤　駒場祭の最中でタテカン（立て看板）がそこら中にあって、にぎにぎしかったの。すぎやまさんは「あの稚拙なタテカン、君たちはよく恥ずかしくないな。ここに見る限り東大生の美的感覚は全く最悪だ」と。

大宮　うん。

加藤　というのは、「君たちは最も大事な、五感を育てたり、美意識が育ったりする時間を、受験勉強でつぶしてるんだぜ。だからお前たちは欠陥人間なんだってことを自覚しろ」って言ったのよね。

大宮　東大入ったということはもう欠陥人間だと。

加藤　今日のテーマにぴったりでしょ。

大宮　ドンズバです。ガツンと言ったわけですね。東大生はちやほやされて、自分たちは最高の頭脳だと思っている人も多かったりするから、そういうメッセージはいいですね。

加藤　そう、勉強ばっかりでね、遊んでない。

大宮　うちの父は東大出なんですけど、私に「女は大学行かなくていい」って言ってました。結婚できなくなるから、みたいな。

加藤　男尊女卑の典型ね。

大宮　はい、まさに。母はそんな父の「3歩下がって……」みたいな人で、それで私は男性に依存せずに生きたいと思ったんですね。植物の研究をしようと植物園のある東大に入ったけど、父はめちゃくちゃ怒って。

加藤　うちの父も反対でしたよ。

大宮　本当ですか！

加藤　うちは、お父ちゃんが反対したら余計に燃える家族で。母はあなたと同じで「男に付いて行ってはいけない」という考えの人だった。

大宮　かっこいい!!

加藤　私は（都立）駒場高校に行っていたのね。

大宮　東大の目の前ですね。

加藤　高校時代、少し学生運動をしてて、だんだん成績が下がってきちゃって。3年のときに先生から「このままじゃ東大は無理だ」ってこっぴどく言われ、私、言い返したの。「高校は受験のためにある時間ではありません。私は今しかできないことをやっているんです」って。腹が立つから東大しか受けないって決めて。その日から勉強を始めました。

大宮　へー!!

加藤　東大ではクラス50人中、女性は7人だけ。入学後に女子だけ集められて、先生から「東大女子は非常に就職が難しい」と言われたの。その頃は、会社はお茶くみの女性がほしいから、高卒が喜ばれたのね。女子大卒、短大卒もウェルカム。でもそれ以上のキャリアを持った女性の行く場所がなかった。

大宮　私も、就職活動では33社断られましたから。

加藤　そうだったの。あとね、東大卒の女子の結婚率は20％以下と言われて、先生が「君たちは断崖絶壁に来ているから未来に道はない」ってね。だから、私の中で就職しないことは結構早くから決めていました。就職試験は受けず、シャンソンのコンクールだけ受けて、ね。

「構内でミニスカート禁止」人心惑わせると国から注意受け

大宮　部活とかしてました？

加藤　演劇をしようと思って入学早々部室を探したんだけど、女子ボート部に勧誘されて。これがみんな美人だったの。先輩が「ボート部に1年入ると美人になる」って言って。

大宮　え、で、まさかボート部に？

加藤　入ったわよ。男子ボート部の先輩がコーチをしてくれて、すっごいすてきだった。でも、ボートを担ぐときは一切手伝わない。スポーツだから自分たちでやれって。

大宮　それでやめたとかじゃないですよね？（笑）

加藤　結果的には、やめたの（笑）。私が入学した1962年は大管法（大学管理法）反対のデモがあったりで、私、16歳で学生運動やってた人としてその界隈では知られてたから、「ボートなんかやってんじゃないぜ」と誘いがかかって、汚い学生寮に連れていかれ、学生運動に入っちゃって。

大宮　昔の仲間……（笑）。

加藤　例えば戦後、GHQに占領されて、そのときデモしたのは東大生。

大宮　なんかうれしいなあ。でも学生の反対運動が起こっても（60年に）安保は通っちゃった。

加藤　兄がそのとき「負けた」って言ったら、母が「勝つつもりだったの？　相手は日本、しかもバックにアメリカがいる。こんなものは敗北には入らない。負け続けてもやらなきゃいけないんです」って。母の演説、私の心のシーンになりました。

大宮　参加した大管法は？

加藤　あれは、勝ったんだと思う。

大宮　本当ですか。要するに学生の意見が国に聞き入れられた？

加藤　押し返した。安田講堂前のイチョウ並木が学生でいっぱいになった。その頃の学生のエネルギーはすごかった、それをあなたに伝えたい。

大宮　はい。熱気感じます。

加藤　その一方で、私、クラスの自治委員に立候補した時演説したの。「皆さん、100%正しいなんていうことは世の中にありません。だから私は自分の行動が100%正しいなんて言わない。ちょっとでも正しいかもしれないことをわかるためには、行動しなきゃだめです。デモに行こう」って演説したわけ。そしたら誰も投票してくれなかった。対立候補の「私たちは絶対正しい」に負けた。

大宮　えー！

加藤　これで東大生はインテリと呼べるのかと思いました。実存主義のサルトルやボーヴォワールの時代に、自分が絶対正しいみたいなことを言うなんて時代遅れじゃん、と。それで学生運動をやめました。そのあとは演劇研究会に入って、演劇をやめた後は歌も歌うようになって。

大宮　きっかけは？

加藤　父です。「女で東大に行って、そんなおもろない人生を送ってどうするねん」と言って、父がシャンソンコンクールに申し込んじゃった。

大宮　お父さんが才能を見抜いていたんですね。

加藤　もしかしたらね。歌手になって、ますます授業に出なくなり、6年目。55単位を1年で取らなきゃならず、大学に行くようになったら、所属事務所の社長のところへ、文部省（現文部科学省）から連絡がきてね。「ミニスカートでキャンパスの中を歩くのをやめさせなさい」って。

大宮　うわー国から？　びっくり！

加藤　びっくりでしょう。デビューしたばかりで花柄のミニワンピとか着てたけど、それが人心を惑わせるんだって。ある先生は「君が来ると、僕もそわそわするから、単位はあげるから授業に来なくていい」って。

大宮　ずるいじゃないですか。

加藤　当時の東大は女性がまだ少なくて、男ばっかりの世界だったわね。

卒業式は学生たちがボイコット　ジーパン姿で座り込みに参加

大宮　それで、卒業は？

加藤　卒業試験もパスして、明日は卒業式という日に、学生たちが卒業式をボイコットすることになったの。

大宮　おときさんらしい最後ですね。

加藤　私は振り袖を着て卒業証書を抱えて女性週刊誌のグラビアを飾る予定だったの。でもボイコットのニュースを見て一晩悩んでね。それで、ジーパンをはいてデモをしに行った。

大宮　ドラマみたい！

加藤　週刊誌は座り込みをしている私の写真を撮ってましたね。この卒業式ボイコットを機に闘争が激しくなっていって、その年、学生たちが安田講堂を占拠したの。私はたまたま6年かかって卒業したんだけど、東大の歴史の中で最もすごいことがあった1968年に卒業したことが、私が東大に行った一番の価値ですね。

大宮　東大がマグマのような時代にいたんですね。

加藤　今はもう東大はすっかり変わってしまったわね。駒場キャンパスに行ってびっくりするのは、本館（1号館）の前に盛り盛りとした木があるでしょ。

大宮　はい。

加藤　あれは、昔はなかったの。

大宮　植えたんですか？

加藤　そうよ。学生がそこに集まるのを恐れて植えたんだと思う。

大宮　なんと！

加藤　安田講堂の前には美しい芝生とベンチがあるけど、あんなものはなかった。ただ何千人も集まれるだけの広場があった。今の人は全然気づかないけど、すっかり変わった。

大宮　へえ。

加藤　寮は個人部屋になりました。若い子が個人部屋がいいという流れもあると思うけど、昔みたいな8人部屋は危険だと。対談の最初に言った廃寮反対運動もそういう背景があったことなのね。

大宮　（私が在学中にあった廃寮反対運動は）壮大なドラマの最後の線香花火みたいな感じだったんですね。

加藤　でも、駒寮の最後はかっこよかったよ。寮をつぶすから出ていきなさいといわれてね、それでも不法にみんな住んでいた。素晴らしかった。

大宮　不法占拠自体が一つのデモだったんですよね。そのうち一人が友だちでした。

加藤　偉いわね。でも、掃除くらいしたらって（笑）。

大宮　激動の時代の東大にいらして、今の東大をどう思いますか。

加藤　安田講堂で学生が闘争したのはすごかったけど、大学側が警察に頼んで機動隊が入り、東大自身が自治をぶっつぶした。それは東大にとってマイナスだった。素晴らしい人たちの可能性を断ち切りました。

大宮　（東大卒の）父から全共闘の話を聞いていたので、東大って熱いところだとドキドキして入学したけど、ほのぼのとした感じでした。

加藤　最近では、反原発運動や、SEALDs（シールズ）を中心とした安保法制への反対デモとかもあったけど、近頃のデモはおまわりさんに管理してもらっていて、びっくりしました。事前に申請した時間ぴったりに終わる。民主主義の権利の中で行動するという原則なんでしょうけど、私たちの感覚ではちょっと違うなって思う。昔は「物議を醸すこと」に命をかけたんだものね。

大宮　なるほど……。

加藤　香港やミャンマーでも、逮捕されるのがわかっているのにデモや抗議行動をする人たちがいる。あのころの学生運動も、今になってみると、あれでよかったのかと、悔しいような悲しいような気持ちになるけど、記憶に残る素晴らしい時間だったことは確か。

マグマのようで甘酸っぱい その真ん中に登紀子さんはいた

　登紀子さんから伺った東大話は、マグマのようでそして少し甘酸っぱかった。どちらも私のキャンパスライフになかったもの。やっぱりそういうのがあそこにはあったんだ。その真ん中に登紀子さんはいた。

　でもそもそも、登紀子さんがそういう人なのかもしれない。たとえば、高校時代。学生運動にのめりこみ、成績が下がってしまった登紀子さんを注意した先生に言い放ったセリフ。

「高校は受験のためにある時間ではありません。だからほっといてください。私は今しかできないことをやっているんです」

　私は高校時代にそんなふうに思って生活していただろうか。何かを見つけられていただろうか。もしそうだったら、もっと人生は違っていた気がする。

なんとなく高校をカリキュラムに従って過ごしていたあの時の私に、世間体に抗う力や、いま何をすべきかと考える力があればと思うし、今こそそれは大事なのかもしれない。

登紀子さんの時代、政府がどんどん決めていく法案を自分ごととして意見し、反対すべきは棒を持ってデモをし、戦っていた。日本という国を自分たちが主権の国として躍動感ある生き方をしていたんだと思う。

私なんかは、自分の近視眼的な生活を優先してしまい、国の行く末に対して、諦めもあるのか、全てを捨てて戦うまで熱くなれない。そんな葛藤がある中、学生運動で負け続け、打ちひしがれるお兄さんに、お母様はこう言ったと聞いて胸が熱くなる。

「あなたたち、勝とうと思っていたの?」「こんなの敗北のうちに入らない。負け続けてもやらなきゃいけないんです」

結果よりも、自分の志と信念を持つこと。結果が伴わないからといって見失わないこと。それは人生においてもだなと思った。

登紀子さんは学生運動ばかりだったのかなと思いきや、恋もしていた。

「ずっとあなたを好きだったけど、気づいてくれない。これ以上は苦しいだけだからピリオド打つことに決めました、とラブレターを書いたの」

驚く私に、「かっこよくない？　『好きです』の告白もなく、サヨナラのラブレター」と自分で言う登紀子さんがかわいかった。自分の人生の脚本を自分で書いて楽しんでいる。そして客観的にその結末を面白がれる人。なぜなら精いっぱい生きているから。

そんな登紀子さんは高校生のとき、将来は歴史学者になろうと思っていたらしい。

「歴史はね、一つの時代から次の時代に移行する。その変わり目が大事なんじゃない？」

これが登紀子さんという人のキーワードな気がした。

「だけど高校の授業って、経済は何々制度、政治は何々制度って変わり目がぷつっと線で切れてて。それでいいんですかって先生に言ったの」

きっと登紀子さんはいつも変わり目をしっかり見ている。目をそらさない。そして常にどう生きるか、いま何をすべきかを考えている。「ラトビアの独立のとき、一切武器を持たない市民が集まった。その先頭に立ったのが、私の〝百万本のバラ〟って曲の作曲者だったの」

そして、時として、変わり目のマドンナになる。

私たちも、実は、コロナ禍を経験し、知らず知らずのうちに変わり目のマドンナやヒーローになっているかもしれない。そんなことに、彼女に会うと気づかされる。新しい時代への大事な変わり目を登紀子さんと一緒に楽しもうではないか。ドラマチックに。

2022年6月13日号～7月4日号掲載

高3で1冊の本と出合い 宇宙飛行士を 目指して東大に

野口聡一さん

のぐち・そういち／1965年、横浜市生まれ。91年、東京大学大学院修士課程修了。96年、NASA(現JAXA)の宇宙飛行士候補者に選ばれ、2005年と09〜10年、20〜21年の3度宇宙へ行った。21年12月、東京大学先端科学技術研究センター特任教授に就任。国際社会経済研究所CTO

宇宙飛行士になりたくて東大に入りました

野口　もう始めちゃっていいのかな。大宮エリーのオールナイトニッポン、始まりました（笑）。

大宮　いやいや違いますから（笑）。前に野口さんのラジオに、私、出していただきまして。

野口　ですよね。その時は大宮さんが東大出身だって意識してなかった。

大宮　私もそうなんです。それで、今回東大出身者のリストを見ていたら、野口さんもそうだって知って。

野口　あのときから「東大ふたり同窓会」でしたね。あ、この連載、東大からお金もらってるんですか（笑）。

大宮　もらってないです（笑）。

野口　香川照之さんとか実は僕、ほぼほぼ同期です。

大宮　えー、華やか！　それにしても宇宙に3回も行く方って、なかなかいないですよね。

野口　いやアメリカとかロシア、結構いますし、若田（光一）さんも星出（彰彦）さんも。

大宮　ラジオ番組をする飛行士は？

野口　ちょっといないですね（笑）。

大宮　しかもニッポン放送だから。音楽をかけて……って感じじゃない。おしゃべり中心ですよね。

野口　もっと俺に曲選ばせろって毎回思うんだけど（笑）。

大宮　えっ、例えばどういうのを？

野口　宇宙で聞きたい曲セレクション。サッチモの「What A Wonderful World（この素晴らしき世界）」とか、となりのトトロの「さんぽ」とか。

大宮　いいですね〜。ナイス選曲。野口さんはどうして東大に？

野口　宇宙をやるんだったらどの学校かなって探して東大だ、と。実は現役のときは京都大学の航空工学科に落ちて。浪人の間にいろいろ調べて、相模原にある宇宙科学研究所が当時は駒場にあって、東大はそこと連携してて。

大宮　東大から宇宙飛行士って珍しくはないです？

野口　いや、今、日本人の宇宙飛行士では、東大出身が半数近くを占めてます。土井隆雄さん、山崎直子さん、大西卓哉さん、それと僕の4人が東大航空宇宙工学科出身。

大宮　いくつぐらいのときに宇宙関係の仕事をしたいと。

野口　高3のときに、立花隆さんの『宇宙からの帰還』を読みました。引退した宇宙飛行士を追いかけ、宇宙に行くことが人間をどう内面的に変えるのかというのを書いた名作です。月面着陸とかは教科書で見たけど、宇宙に行った人の内面の苦しみや挫折を読んだときに、そういう職業人がいるってことをリアルに感じたんです。そこは一つの出発点かな。

大宮　大学に行って宇宙飛行士に役に立ったことってあります？

野口　語学が好きで、第2外国語のフランス語は自分で語学学校に通いました。他にロシア語と中国語を第3外国語でとって。航空宇宙工学科の選考基準の点数が結構高いから、点数を上げるためだけに取りました。

大宮　珍しい理系学生ですね。外国語得意だなんて。

野口　宇宙飛行士になって最初のうちはアメリカ暮らしで英語だったけど、国際宇宙ステーション時代に入るとロシアが極めて大事なパートナーになって、学生時代に第3外国語でロシア語をやってたのはすごく大きかった。文字が読めるだけでね。

大宮　将来国境のない仕事をやるかもって予感がしていた？

野口　いや、英語が好きで、いろんな所に行く仕事ができたらとは思ってました。宇宙飛行士目指してロシア語とってた学生は同期でもいて。

大宮　その方が（宇宙飛行士に）ならなくて、野口さんがなるなんて。

野口　人生、そんなもんですよ。

大宮　ですね（笑）。

この人には絶対にかなわない　それを知るのは大事なこと

大宮　大学時代、結構勉強されてたんですね。私はシケプリ（講義内容をまとめた試験対策プリント）を暗記して臨む感じで……。

野口　試験前になると出回る（笑）。

大宮　200円で買うんですよね。

野口　英語やフランス語は点数取れたけど、他はまさにシケタイのみなさんにお世話になりましたよ。

大宮　ええ！　野口さんも？

野口　当時はね。

大宮　遊びに行ったりしてましたか。

野口　アメフト部の仲間と練習終わった後、マージャンしに行くとか。

大宮　へー。お酒は飲みますか？

野口　むちゃくちゃ飲みます。

大宮　合コン行ったりしましたか。

野口　してました、してました（笑）。

大宮　普通の学生ですね（笑）。

野口　そういう意味では、勉強は東大の中では真ん中ぐらいだったと思うんです。やっぱり、東大でできる人ってすごいできるじゃないですか。

大宮　野口さんはすごいできる人たちのグループだと思ってました。

野口　いやいや……。まさにレベルが違うっていうのを見るのはいい経験だった。僕は田舎から来たから。

大宮　出身はどこですか。

野口　神奈川県茅ケ崎市で、自分の学校では東大に受かったのは僕が第1号。開校以来の秀才と言われて東大に送り出されたけど、来てみたら秀才がいっぱいいるんだな。

大宮　そうですねえ。

野口　そこで世間の洗礼を受けた。僕が東大で良かったと思うのは、すごい人が世の中にいっぱいいるっていう、ごく当たり前の真理を肌感覚で理解できたことですね。社会に出ると全く同じで、それまでは同じ学年の勝負だけど、会社では「この人この分野で何十年もやって、かなわないぐらい詳しい」みたいなことがいっぱいある。18歳くらいで「この人には絶対かなわない」って知るのは、大事なことだと思う。NASAに行ったときもエリートのレベルが違う人もいて、僕みたいなサラリーマン経験者じゃ太刀打ちできない。

大宮　野口さんでもかなわないって思うことあるんですね。意外です。

野口　いえいえ、大学院を修了してIHIでは普通の従業員でしたよ。

大宮　じゃあ、会社で隣に座ってた人は野口さんが宇宙に行くとテレビで見て、「え！」っと椅子から転げ落ちたんじゃないですか。

野口　5年、会社に通っていたけど、全国ニュースに出た翌日、守衛さんが敬礼してくれました（笑）。僕は工場の隅っこから隅っこへ油まみれの部品を運び、作業員さんに「これお願いします」って渡していたので。

大宮　そういう経歴だからこそ感情移入できる。すごい人が宇宙に行ったんじゃなくて、隣の野口さんが宇宙に行ったぞ！と。

野口　そうだと思います。

大宮　しかし、５年？　結構現場の仕事をされてたんですね。

野口　東大では、きれいな勉強をする。シミュレーションしたり理論作ったり、最先端の技術を使ったり。それが会社に入るとねじを運び、「高卒で30年働いているおっちゃんに「何にも知らねえな」って怒られる。そういう経験はしたほうがいい。

大宮　いい！

野口　ある種、大事なステップなんだと思います。東大でもどんな名門校であっても、大学がやっていることは実学とかけ離れていますから、一度社会でつぶされないと。

大宮　え、野口さんも？

野口　こんなことするために会社行ったんじゃない、みたいなのありましたよ。で、宇宙飛行士に応募した。

効率を求めなくて許される空間が大事だと思います

大宮　宇宙飛行士になるきっかけはなんだったんですか？

野口　東大を出てＩＨＩに入って５年目の頃、工場で油まみれの部品を運んでて、このままじゃ終わらないぞって思って社内の海外留学制度にトライしようかなと考え始めた時期に、この宇宙飛行士募集があったんです。

大宮　どこで募集を見たんですか？

野口　社内報です。会社が宇宙関連のニュースは結構ピックアップしてくれてて。

大宮　会社員やりながら、特別の勉強とかしたんですか。

野口　宇宙飛行士は特別な準備ってなくてね。ともかくいっぱい面接がある。いま（2022年）13年ぶりに宇宙飛行士の選抜をしているけど、閉鎖環境の試験や医学テストなんかも対策のしようがない。

大宮　どういう基準で選んでいるんだろう。

野口　すごく面接の時間が長いね。会って話せばわかるというのがある。

大宮　そういうもんですか。これまで宇宙飛行士の方に3人お会いしたけど、みなさん冷静沈着な方だった。

野口　落ち着いた感じの人は確かに多いかもしれないですね。

大宮　東大に行ってよかったな、みたいなことかあります？

野口　ないっすね（笑）。そう言っちゃうとあれですけど。

大宮　いや、いいと思います（笑）。

野口　ただ、社会に出てね、「この人できるな」と思うと東大出っていうことがあるじゃない。

大宮　あります、あります。

野口　そういうときにすごくいいなと思いますね。我々東大卒業生って、慶應の三田会とか早稲田の稲門会みたいなネットワークはないけど、なんとなく話が通じるところがある。三田会の人なんかは会のために貢献もするけど、東大卒業生はまったくそういう貢献はしなくて都合のいいときだけ「東大です」みたいな（笑）。

大宮　おっしゃる通り！

野口　それでなんとなく許されるというか、そういう意味では、楽だな。

大宮　確かに。

野口　いろいろ言ってる割に、僕も特任教授で大学戻ってるので……。

大宮　なんと！　野口さんが学生さんを教えてるってことですか。

野口　僕の所属は、駒場にある先端研（先端科学技術研究センター）で、大学院以上の学生の研究室。講義は持っていなくて、修士論文、博士論文のお手伝いをしてます。

大宮　先端研のあるとこって、駒場公園の近くじゃないですか。

野口　よくご存じで。日本民藝館とかあるんだよね。

大宮　普通に散歩したらこんなところに先端研がある!!って。

野口　そうそう。

大宮　大自然の中にあるっていうのが、いいですよね。

野口　大自然っていうか、打ち捨てられた感じが……（笑）。先端研なのに、時代の後端をいってる。

大宮　いやあ、そのギャップがいいですね。

野口　そうなんです。そういうのはやっぱ東大落ち着くなと思います。本郷も散々悪口言いましたけど全般的には落ち着く場所でした。

大宮　はい。

野口　いわゆる社会に全く役に立ちそうにない空間なんですよね。23区で極めて地価が高くて社会のために役に立たない空間は大学しかない。今や、東大はその最たるもの。それはそれで意味がある。

大宮　無駄もいい。遠回りもいい。

野口　効率を求めなくて許される空間がたぶん大事なんだと思います。

謙虚さと柔軟さ手に入れた ヒエラルキーのない人

宇宙飛行士の野口聡一さんとは、野口さんのニッポン放送のラジオで、アシスタントさせていただいて知り合う。そのときは野口さんに宇宙のお話を、当然ながら伺った。が、今回、全く宇宙の話をしなかった。

対談の冒頭、開口一番、「さあ、大宮エリーのオールナイトニッポン、はじまりました」なんておっしゃった野口さん。唖然、からの爆笑。いろんな国籍の宇宙飛行士がひとつの空間で長い間過ごす。しかも危険と隣り合わせ。そんな中、場を和ませる瞬発力とセンスは大きなみんなの命綱になったのではないか。

「東大で役にたったことありますか?」「ないっすね!(笑)」。こんな会話ができるカジュアルさも。

でも東大が役に立ったことも話してくれた。それはこの連載で伝えたかった神髄で、また舌を巻く。

「自分の学校で、誰も東大受かってなかった。僕、第1号。『開校以来の秀才』と送り出されたけど、来てみたらね、秀才がいっぱいで世間の洗礼を受けた。レベルが違う人を見る。それはやっぱいい経験ですよね」

その後、会社やNASAでも同じ感覚を経験したと教えてくれる。

「会社に入ってみると、うわー、この人この分野で何十年もやってんだ、自分とはもう比較にならないぐらい詳しいってことがいっぱいあるわけでしょ。で、もまれながら、ちょっとずつ上がっていく。NASAに行ったときもやっぱり、エリートのレベルが違う人がいました。MIT（米マサチューセッツ工科大学）で若くしてドクター（博士号）取った人とか、エアフォース（米空軍）のF15に乗ってたみたいな人がいる中で、僕みたいに、日本で受験勉強して普通のサラリーマンしてた経験じゃ、全然太刀打ちできないわけで」

レベルが違うことで、自暴自棄になる人もいるかもしれないけれど、野口さんは、謙虚さと、柔軟さを手に入れ、自由さを身につけた。

絶望ではなく、達観。そして何より生きることが楽しそうなのである。それが実は、宇宙レベルで活躍できる素質なんじゃないかと思う。

会社組織での話もしてくれた。エレガントな学問を学んでいても、社会へ出て、いきなり現場、そしてネジを運ぶという単純作業を延々することで腐る時期を経ての、宇宙飛行士応募という人生の転換。腐るということが意外と大事だと確認する。

「東大であっても、どんな名門校であっても、大学がやってることは実学とはかけ離れていてね、社会で通用するためには一度つぶされないと」

へし折られると、何がしたいのかを必死で考え、チャレンジする。だから大学なんて関係ないのだ。学歴よりも机上の空論で生きないこと。

これを聞いて、日本の政治を思った。普通の人に寄り添えるか。人の上に人をつくらないでいられるか。野口さんはヒエラルキーのない人だった。宇宙から地球を見て、国境が見えないように野口さんの目はニュートラルなんだ。だから3度も宇宙に行って、青い星を見た。

宇宙飛行士であることを、ものすごいことのように語らない。アメフト部で、合コンにもいって渋谷で遊んでいた〝野口くん〟という普通さを、まだ大切にしておられた。そこにロマンを感じた。僕らの〝野口くん〟が宇宙に行った、と。

２０２１年から東大で特任教授もしているという。学生たちは、野口さんという宇宙船から、きっと青い地球を見るだろう。それは偏見も差別もない、平和な地球。まだ見ぬそんな地球だと思う。

２０２２年7月11日号〜8月8日号掲載

特別編①

対談ゲストの東大時代

図書館で曲作り、学生運動のリーダー…東大時代での日々が活動の原点

東大時代に転機や現在の活動の原点があるという人も少なくない。

大学在学中にメジャーデビューを果たしたシンガー・ソングライターの小沢健二さん（1993年、文学部卒）。大宮エリーさん（99年、薬学部卒）は「バンドやってたら、授業出てないんじゃないか」と思っていたが、「もう全然！　徹夜で録音してそのまま駒場（キャンパス）行って、図書館で全部詰め込んで」と小沢さん。勉強に打ち込む日々を送っていた。駒場の図書館では「作詞もしてましたよ、余裕で」。教授とも「友達」のようになり、自宅にお邪魔したり。いまだに親交があるという。

データサイエンティストの宮田裕章さん（2003年、大学院修士課程修了）も、授業を取ってないのに、その先生に会いにいっていたそう。「自分で学ぶのはいいけど、誰かの言ったとおりに知識を習得するのは、すごく嫌いだったんです」。教授陣の出している本を読み、研究室を訪ね、「議論を吹っかけていました」。

一方、脚本家・演出家の倉本聰さん（59年、文学部卒）は、「東大っていっても俺、全然行ってないからねぇ」。そのきっかけとなったのが、教授からの「劇団仲間に行け」という言葉。在学中の4年間は、毎日稽古場に通う日々だったという。

キャスターの膳場貴子さん（97年、医学部健康科学・看護学科卒）は、当時社会問題化していた薬害エイズで、人間のくさりで厚生省（当時）を囲む運動にも参加。一方で、元厚生省生物製剤課長の講義も受けていて、「メディアで一面的に語られることでも、実際にはいろんな面がある。どっちも見て考えたい」と、報道の世界に飛び込んだという。

前兵庫県明石市長の泉房穂さん（87年、教育学部卒）は「東大で学生運動のリーダーだった」と告白。「駒場寮委員長で、学生運動のリーダーで、東大最後のストライキ実行委員長。機動隊とも対峙してました」

泉さんは「恥ずかしい」と言いつつ、当時の東京大学新聞を持参。そこには「駒場寮委員長選　泉くんが当選　大差つける」の見出しが。

「寮委員長に大学1年生で立候補して、大差でひっくり返して当選した。昔から選挙、むちゃくちゃ強いねん」

授業をストライキしたが要求が通らず、約束通り退学届を出し、明石の実家に戻ったことも。だが、ストの相手でもあった学部長から「みっともなくてもいいから帰ってきなさい」と電話をもらい、戻ったそう。

対談に卒業設計の製図を持参してくださったのは宇宙飛行士の山崎直子さん（93年、工学部航空学科卒）。山崎さん設計の「宇宙ホテル」は地球側に窓が設置され、大宮さんは思わず、「アースビューですね！」。

大学院に進み、アメリカ留学も。大学院修了後に宇宙開発事業団（現・ＪＡＸＡ）に入社し２０１０年にスペースシャトルに搭乗した。

ユーグレナ社長の出雲充さん（02年、農学部卒）は大学1年の夏休みに、バングラデシュへ。この旅が、その後の人生を決定づけた。

「朝昼晩カレーを食べて満腹だけど、具が入っていないから栄養失調。栄養満点のものをバングラデシュの子どもたちに食べさせてあげたいっていうのが出発点ですね」

大相撲史上初の東大出身力士の須山さん（23年、文学部哲学科卒）は東大に入学後に相撲を始めた。部活は週3日。それ以外の日は？

「歩いていました。散歩が好きで。東京って、ちょっと歩くと、次の街になるじゃないですか。それが楽しくてフラフラしてました」

届くようで届かない 絶妙な難易度が コンプレックスを刺激

成田悠輔さん

なりた・ゆうすけ／1985年、東京都生まれ。データやアルゴリズムでビジネスや政策をデザイン。2011年、東大大学院修了後、米マサチューセッツ工科大学（MIT）でPh. D. を取得。現在は米イェール大学経済学部助教授。半熟仮想株式会社代表。著書に『22世紀の民主主義』『22世紀の資本主義　やがてお金は絶滅する』

大人になれていなくても ぎりぎり成立、が大学教員

大宮　成田さんは東大の中でも天才って言われてた感じだったのではないかと勝手に思ってて。

成田　いや、あんまり行ってなかったんで、大学。行かれてましたか？　薬学部でしたっけ。

大宮　そうです。（1、2年生の）駒場は行ってなかったけど、薬学部だと行かないといけなくて、実験とか。

成田　ですよね。

大宮　あ、いま眼鏡外されましたが、だいぶ印象変わりますね。

成田　この眼鏡、衣装でもなんでもなくて、これしか持ってなかったんですよ。そしたらいろいろ支障が発生してきたんで。

大宮　支障？

成田　例えばやたら記念撮影とか言われるんで、もう面倒くさくなって、最近は八角形のだて眼鏡っぽいものをかけるようにしてます。

大宮　外したとき二枚目キャラになってびっくりした。あ、そういえば、岡山に最近行ったんですが、そこの男性陣が、「最近会いたい人は成田さん」って、みんな、きゃーきゃー言ってましたよ。

成田　ごく一部の謎の熱狂みたいな。

大宮　そんなことないでしょ。

成田　マイナー地下アイドルみたいな感じで。

大宮　またまた。

成田　僕が一番引いてます（笑）。

大宮　でも、なんでしたっけ、東大からMIT？

成田　MITって実は経済学で世界で一番すごい学校なんですよね。

大宮　そうなんだ！

成田　人類学とか哲学とかそういうのもすごく強い。日本のアニメ研究とかもかなり強いです。

大宮　アニメも！

成田　日本のアニメの上映で細田守さんが来たり、初音ミクのライブやったり。MITはちょっとやばいオタクの人が多いので、そういう人は日本に引きつけられる傾向ありますね。

大宮　東大だと物足りなくて、ＭＩＴに行ったんです？

成田　いや……僕は、学校とか大学は、もうしょうがなくてそこにいるって感じで。

大宮　というと？

成田　普通の社会生活、無理なんですよ。

大宮　というと？

成田　朝起きられないんです。

大宮　え？

成田　今も起きられないですし、基本的に締め切りも守れないんで、全ての仕事を締め切りやぶってからスタートみたいな感じで、全く成立してないんですよ。だからサラリーマン的なものも無理だし、人とかかわるのも、一定以上になってくるとじんましんが出てくるんで、起業家とか政治家とか無理じゃないですか。

大宮　(笑)。

成田　自己規律もないんで、もはや行き場がない。けど、大学教員ってそういうの、一応許されるんですよ。

大宮　授業間に合わなくても？

成田　すみませんって言えば。

大宮　(笑)。

成田　基本的に大人になれてない人でもギリギリ成立する、という感じでなんとなく大学に残っているだけでそんなにアイデンティティーもプライドも愛着もないんです。

大宮　そっかー。

成田　だけど飽きっぽいのでずっと同じところにいると疲れてくるから転々としてる。東大に４、５年。ＭＩＴに5年。イェールに移って6年経つんですけど、コロナ禍の1年半もあったし、日本や他のいろんな国にいることも多いので、キャンパスにいるのは半分くらいかな。

大宮　だいたいわかりました（笑）。

人が考えたり決めたりせずに世の中が動くようにしたい

大宮　えっと、成田さんって、何してる人なんですか？（笑）

成田　大学の教員として授業もして、論文を書く研究者っぽいことをやりつつ、難しいソフトウェアを作ったりしてますが、趣味って感じで、別になにか大学から言われたり、大学を代表したりしてやってるわけでもないんで、よくわかんない自由業、みたいな感じなんですよ。

大宮　えー、よくわかんない（笑）。

成田　あと、日本でちっちゃい会社をやっていて、日本の大企業と共同で彼らが持っている社内データとか使って、彼らのビジネスを作り替えていくみたいな。

大宮　うーん、もうちょい！

成田　例えば、メルカリとかヤフオクに商品出すときに、いくらくらいで出すといいか、よくわからないですよね？

大宮　はい（笑）。すみません……。

成田　「値段のおすすめ機能」みたいなのがあるんですけど、そのソフトウェアを改造するみたいな。

大宮　ほう、最適化？

成田　そうです。過去にどれくらいの値段で出すと、どれくらいのタイミングでどれくらいの確率で売れたかというデータを使って、より適切な値段のおすすめの仕方を考える。

大宮　誤差を埋めていくってこと？

成田　そうですね。

大宮　意外と真面目ですね。

成田　結構まじめですよ。

大宮　もっと毒っぽいことしてるかと思った（笑）。地味で繊細だ。なんか、こうしたほうがきれいに整うのにって思うタイプです？

成田　究極的には人間が考えたり決めたりしなくても世の中が動いていくようにできないかって。例えば政治とか政府見てても、おっさんたちが集まってガヤガヤしながら決めてる。あれが全部無駄じゃないかなという思いがあって。偉いおっさんたちがいなくても動いていくような社会にできたらなと。長い目でみると、そういう思いがあるんですよ。

大宮　その準備をしている？

成田　そうです。ある企業のあるサービスを自動化していく、最適化していきながら、100年たったら社会がどうなるかというのを想像するのを同時にやってます。

大宮　すごっ。でも、利権おじさんとかが、「どうぞどうぞ」ってなりますかね？

成田　あ、ならないので、よっぽどおっさんたちより強い機械を作り出さなくちゃいけない。国会で政治家が寝てても国が動くようにできれば。

大宮　できそうです？

成田　現状では壁があります。だけど大きな壁を一つ乗り越えられれば結構いけるんじゃないかと。ただ、ビジネスは、機械が何に向かって頑張ればいいかはっきりしてる。だけど、政治とか政策ってちょっと違いますよね。その目的がなんなのかということ自体をみんなで決めるみたいな側面がある。なので、その目的が与えられてそれに向かっていくこと自体をデータから自動的に発見できるようなな。

大宮　それすごいね。筋道も発見してくれるの？　国をよくするって漠然としてたらダメだもんね。

成田　今この会話も録音されていて、社会では政治の話がどんどんデータとして録られてるわけじゃないですか。情報って日常生活に蓄積されるんです。それをうまく集約する方法を見つけられれば、選挙っていう仕組みを使わなくても毎日選挙が起きてる、みたいな状況が作れる。

大宮　天才すぎてよくわかんないけど、成田さんがいろいろクリアにしてくれそうで楽しみです！

届くようで届かないからコンプレックスを刺激する

成田　大宮さんの事務所、お酒すごいありますね。

大宮　あ、見ちゃいました？　ホッピーとかウイスキー、隠してあったのに。成田さんはお酒飲む人ですか。

成田　四六時中飲んでますね。大宮さんは酒のトラブルはないですか？

大宮　全盛期は酔って、楽しくなって、パスタを手に巻きつけて食べていたようです。

成田　新しい日本文化ですね。

大宮　いやー恥ずかしいです。

成田　なんか、手で食べてる人見ると幸せな気持ちになりませんか。僕、インド人が手でカレー食べてるの見るとすごい幸せになる。

大宮　なんで？　しかも、すごい混ぜてますよね？

成田　グッチャグチャに。ものはきれいに食べなくちゃいけないっていう既成概念を全面から壊してくる。お酒の話では、日本のウイスキーは世界で旋風を巻き起こしてますね。

大宮　味は変わらないのにびっくり。

成田　でも、日本のお酒でバブルを作り出せたのは初めてじゃないかな。日本のお酒は安売りしすぎですから。

大宮　焼酎、日本酒は蔵元の人が手間をかけて、それで1200円とかで。大丈夫？ってて思います。

成田　それ、実は東大問題とかかわっている気がしてます。

大宮　えっ!?

成田　要は、東大もすごく安売りしてる気がして。ブランドをビジネスモデルにすることに失敗してきた大学って感じがするんですよね。東大って日本社会で謎なブランド力がありますよね。例えば「東大王」みたいなクイズ番組があったり、東大ブランドを使っていろんな人がビジネスしてるけど、東大には一銭も入ってないんですよ。これは東大の戦略の失敗なんじゃないか、と。

大宮　成田さんは、（進学先が）東大じゃなくてもよかった？

成田　東大に行くと、東大はなんてことはない空っぽの場所だってことがわかるっていうのはありますよね。

大宮　うんうん。

成田　あともう一つよかったと思うのは、東大は日本で頭を使うのが一番得意な人が大集結する。あれは結構珍しい現象で、日本ぐらいの規模の国で大学のヒエラルキーがこれほどはっきりしてる国ってないと思う。

大宮　なるほど。

成田　アメリカだってトップ大学が数十校あって、どこが上とか言いにくい。イギリスもオックスフォードとケンブリッジがある。1億人以上の人がいる中で勉強ができる人がみんな東大に行くみたいな国はあんまりないので、若い頭脳の集積度合いで言うと、すごいと思いますね。

大宮　2022年、東大の前で受験生の刺傷事件がありましたよね。なぜそういうことが起きちゃうんだろう。

成田　この国で東大コンプレックスがこれだけ大きいのは、多分、難易度が絶妙だからなんじゃないですか。

大宮　難しすぎないということ?

成田　はい。東大は1学年3千人くらい入るじゃないですか。今の子どもの出生数は年間80万人ぐらいですか。すると、0・3%くらい。だから100人に1人は入れないけど、千人に1人は入れる感じ。ギリギリ届くようで届かないみたいな範囲。

大宮　もっと難しくしたら、あきらめがつくってこと?

成田　ノーベル賞が取れなかったとコンプレックス抱いてる人って少ない。だけど東大に入れなかったコンプレックスを抱いてる人は結構いる。東大コンプレックスをなくす過激な解決策は、東大の定員を30分の1にして超難しくすることかも。

成田さんに出会って日本の将来に希望を持てた

結論から言うと、成田さんに出会って日本の将来に少しだけ希望が持てたのである。普段、政治や国の話はしない私であるが、自分が学校をしているのも実は、心底国や政治に失望しているのが理由だったりする。国と切り離したコミュニティーがいると思うようになったのだ。けれど、成田さんは飄々と、その持ち前の能力で、日本の今のたくさんある「なんかおかしいよね」に静かに着々と取り組んでいるのを知って驚いた。

「今例えば政治とか政府とか見ても、なんかおっさんたちが、集まってガヤガヤしながら決めてるじゃないすか。偉いおっさんたちがいなくても動いていくような社会にできないかなっていうのがあるんですよ」

わかるけど、どうやって？　成田さんは続ける。

「それに向けた準備作業として、ある企業のあるサービスを自動化していくとか、最適化していくみたいなことをやりながら、何か数十年とか100年たったら、社会がどうなるかっていうのを考える」

つまり新選組の潜伏期間みたいなこと？　こりゃ本気じゃないかと思った。いきなり理想を掲げて進んでいくのをみると、本気なの？成功するの？と思ってしまうのだが、彼ならやり遂げられるのかも。希望を持ちたくて意地悪なことを聞いた。

「権威の人たちが、どうぞどうぞってなりますかね？」

成田さんはサクッと答えた。

「あ、ならないので、よっぽどそのおっさんたちよりも強い機械を作り出さなくちゃいけないんですよね」

「これまで人間がやらなくちゃダメだって言われた医療をオンラインでもOKにする。例えば保育園とかベビーシッターみたいなものは、国の認可が下りた組織が、アプリでできるようにするとか。そういうすごい細かいものの集合体がその利権を覆していくと思うんです」

うれしくなって信じたくて、意地悪なことをもうひとつ聞いた。

「本当にやろうって思ってます？」

「そのタイミングを見計らってる。ちょっと大きな波がばあっと上がる瞬間を待たないといけなくて。二重戦略みたいなのが重要なのかな。撃ち落とされる可能性のある前線に出る人たちと、それを支える実行部隊の人たちみたいなのを、分けるような形で進んでいくしかない」

私が求めていた、本気でやろうとしている人の戦略ある聡明な答えだった。

「メディアに出てる人ってよりは、政府の会議とかでロビイングとかをやっている裏方系の人たちは、どう制度を変えたいという思いが具体的にあって、例えば子どもたちの生活の現状がどうなってるか、っていうことに関する情報を、もうちょっと自治体がちゃんと把握できるようにして、虐待とか、不登校とか、その手のことが起きそうな家庭を、事前に察知することができないかみたいなプロジェクトやったり」

よくはにかむ、変わった眼鏡の、朝起きられない、一体いつ日本にいるのかわからない彼が、東大なんてちょろくてＭＩＴにイェールにという最高頭脳を使い、あっという間に日本をよき方向に変えてくれる日がくるかもしれない。

そんな成田さんは、ご自身のことを、「最適化とか言ってるくせに自分の生き方に関しては効率化みたいなのは無縁で、できるだけ無駄なことをやりたいって感じなんです。人格分裂してるかもしれない」という。

成田さんは最後に神様が作って送り込んだ救世主なのかなと思った。

２０２２年８月15－22日号～９月12日号掲載

2浪中は映画館に通い、入学後は東大に行かず毎日稽古場へ

倉本聰さん

くらもと・そう／1935年、東京生まれ。59年に東大文学部卒業。ニッポン放送に入社。シナリオ作家として独立。77年、北海道・富良野に移住。主な作品にテレビドラマ「北の国から」など。近著に『新・富良野風話』（財界研究所）

東大には全然行かずに毎日劇団へ通っていました

倉本　東大っていっても俺、全然行ってないからねえ。俺でいいの？

大宮　はい！　で、大学ではなくどちらへ？

倉本　「ルオー」っていう喫茶店、知ってます？

大宮　ルオー？

倉本　赤門を出て、ちょっと左行ったところにあって、ルオーの絵をいっぱい飾ってある店です。むしろそっち行ってましたね。

大宮　文学部美学科だからです？

倉本　いや、それはまた別で。（3年生で）駒場から本郷に移るときに、成績によって決められるでしょ。

大宮　はい。

倉本　仏文に行きたかったんだけど、成績が悪くてダメで。お前の成績で行けるのは、インド哲学か考古学か美学って言われて。

大宮　あら意外。

倉本　美学って何をするところかも全然分かんなくて。でも美っていう字がついてるし、何となくその中ではいいんじゃねえかと思ってですね。

大宮　（笑）。

倉本　そうしたら、似たようなやつばっかり集まってて、吹きだまりのような場所だったんですよ。

大宮　ルオーでどういう話を？　政治とか？

倉本　いやいや、政治の話はしませんね。映画の話とか、芝居の話とか。

大宮　その時点からお芝居を。

倉本　そうです。ギリ研ってのがあったんです、東大に。ギリシャ悲劇研究会。のちに東映の映画監督になる中島貞夫ってやつが親友だったんで、彼とやろうってことに。

大宮　ギリ研では何を？

倉本　ギリシャ劇のこと研究して、やるんです。日比谷野外音楽堂でやったんですよ、「オイディプース王」。

大宮　在学中に脚本は？

倉本　教養学部のときに芝居を一本書きましてね。で、中島が一本書いて、中島のを僕が演出して、僕のを中島が演出して上演したんですよ、駒場祭でね。そうしたら学生新聞から呼ばれて、駒場でものを書いてるやつを3人集められて鼎談やれっていう話で。集まったのが一人がすごく感じのいいやつで、一人はすごく感じの悪いやつで。感じのいいやつが柏原兵三っていう、のちに芥川賞取ったやつで、感じの悪いほうは大江健三郎っていうやつでした（笑）。

大宮　（笑）。

倉本　ただ、僕は「劇団仲間」っていう俳優座の衛星劇団に通ってたんで大学にはほとんど行かなかった。

大宮　大学外のプロフェッショナルなところに行かれてたんですね。

倉本　そうですね。最初、僕、四季を受けたくて受けに行ったんです。浅利慶太に、いろいろこう試験されて、その話をしたら、東大の独文の小宮曠三っていう先生と山下肇って先生に呼ばれて、「四季はヤワだから、劇団仲間に行け」って紹介されて。だから東大の4年間というのはもう、毎日そこへ通ってました。

大宮　東大に行った意味って……。

倉本　全然ないです。ただ箔をつけたかっただけ。

大宮　でも、東大の先生から才能を見抜かれて劇団を紹介された。

倉本　別にそれほどのこともないでしょうけど、大学に行ってなかったし、どこからか聞きつけて。

大宮　へー。

倉本　結局4年間、劇団の新聞やチラシとかパンフレットの編集してたんですけど、稽古場と隣接してたものですから、自分の仕事はすぐ終えて、稽古場行って、隅っこでずーっと演出を見てました。ノート取るというよりも、頭に染み込むように勉強しました。財産ですね、唯一の。

2浪中は映画館に通い詰めて喫茶店で会話を書き留めた

大宮　どうして東大に行こうと？

倉本　おやじも兄貴も東大だったし、おふくろが入れたがったんですね。ですから2年浪人しました。

大宮　浪人時代から演劇に興味が？

倉本　最初は映画ですね。日活の帝都名画座で安く名画を見られるので、フランス映画をひたすら見てました。

大宮　ある意味すごく有意義な期間だったんですね。

倉本　そうですね。そのころ映画館にね、要するに英会話ブームもあって「採録シナリオ」っていうものを置いてたんです。

大宮　へえ。

倉本　採録シナリオっていうのは、シナリオじゃないんですよ。映画を見て、写しとったものなんですね。

大宮　ああ、書き起こしですね。

倉本　だからね、ここで音楽が入るとか、ここでクローズアップとか、そんなことまで書いてあるんですよ。

大宮　はあ、面白い。

倉本　僕はそこから入ったものですから、今でも僕のシナリオは「音楽が入る」とか、「忍び寄る」とか書いたり、「間」を多く使っちゃう。

大宮　倉本さんの作品には人生の悲哀みたいなこととかがありますよね。アメリカ映画じゃなくてフランス映画だったの、わかる気がします。

倉本　アメリカ映画も初期の頃はすごく感動できましたね。一番好きな映画は「素晴らしき哉、人生！」って映画なんですけど、あの頃は、映画が感動を目的にしていた気がするんですよ。今は面白いけど、快感を目的にしているんじゃないかって。

大宮　お金主義になってきてるんですかね？

倉本　テレビの影響もあるのかなあ。とにかく快感を得ればいい、楽しめればいいってことに変わってきちゃいましたね。僕がシナリオライターの勉強をし始めた頃ね、東映のマキノ光雄さんっていうプロデューサーが、あるシナリオを読んで、「このシナリオは、ドラマはあるけどチックがねえな」って言ったんです。

大宮　チック……。

倉本　で、僕もテレビを始めたときに、テレビはドラマよりチックで成立してるんじゃないかって気がして。

大宮　す、すみません、チ、チックって何ですか……。

倉本　何なんだろうな。ドラマっていうのはいわば「筋書き」です。チックっていうのは、そこに加わったもので、短編小説でいえば、「へそ」みたいなものでしょうね。「ドラマチック」の「チック」ですよ。

大宮　人の心を打つところ、琴線みたいなことですか。

倉本　ええ。この前、集まりがあって、「北の国から」で何が印象に残ってるのかって話が出て。ラーメン屋で「子どもがまだ食ってる途中でしょうが」って怒鳴るシーンとか、泥のついた1万円札とか、ベスト3に入るのは全部「チック」なんですよ。

大宮　なるほど！

倉本　ドラマ、関係ないんですよ。例えば怒鳴るシーンは、僕の1稿目にはなかった。だけど何か気持ちが悪くて。考えると、「へそがないな、この作品は」と思ったんですね。セリフっていうのは用事を伝えるだけじゃないんですよ。セリフが出てこない「間」があって、ポッと出てきた言葉にグッときちゃうことがある。

大宮　倉本さんの「チック」はどこでこのように育ったんですか。

倉本　浪人中ずっと、喫茶店で人の話を盗聴してたんですね。隣に座ったアベックの言葉を、ノートに書くみたいなことを、ずっと。

大宮　うえー！

倉本　浪人時代は、ほとんどシナリオの勉強をしてたわけです。

富良野に来たら東大の演習林宿縁を感じてギョッとした

大宮　「チック」で言いますと、私、東大在籍中に一つだけ記憶に残ってる授業があって。富良野に自力で来いっていう授業で。

倉本　ほう。

大宮　富良野に行って駅でぼんやりしてたら先生が来て。富良野にある東大の演習林で、きのこの話を聞いたり森の話を聞いたりして、メロンを食べて帰ってきたんですけど。

すごく楽しかったんですよね。

倉本　何の授業ですか。

大宮　森の生態系を学ぶっていう授業で、森の中に放り込まれて、みんなで黙々と歩くような授業でした。

倉本　僕、演習林にちょこちょこ行きますけど。

大宮　えー！　あ、富良野に住んでらっしゃいますもんね。移住して東大の演習林があると知ったときは宿縁を感じました？

倉本　それはちょっと感じました。ギョッとしました。「どろ亀先生」（故・高橋延清さん）って有名な林長がいてね。東大の教授なんだけど、この先生に、僕、富良野に来てすぐ知り合って、ずいぶん森を教わったんです。ある日ね、「倉さん、俺退役しちゃって仕事がねえから、オタマジャクシの研究を始めた」って言うんですよ。でね、演習林の三つの池にそれぞれ別の種類のオタマジャクシがいるって言うのね。

大宮　ええっ！

倉本　3年間それぞれを研究したら、分かんないことも出てきたから図書館で中学の参考書程度のオタマジャクシの専門書っていうのを読んだって言うの。そしたらなるほどってる説もあったし、間違いがあるのにも気づいたって。この話を聞いて、僕はちょっと感動したのね。東大の教授でしょ。それが、本を読んで研究するんじゃなくてね、実地で研究して、あとで本を参照してる。学ぶってこういうことだなと思いましたね。

大宮　東大で教鞭をとられるとしたら、どういうことを話されます？

倉本　うーん。僕は今、富良野自然塾で「闇の教室」っていう、真っ暗闇の中で、四季で変わるにおいや音を感じるってのをやっていて。

大宮　へえ、面白いな。それは野外でやられてるんですか。

倉本　いえ、地中です。「便利」って言葉をよく聞くけど、人間は本来自分のエネルギーで生きてたわけですよ。でも、脳が発達し、エネルギー消費をケチることを考え始めるんですね。だから家畜や奴隷に働かせ、今は化石燃料に働かせてるわけでしょ。で、自分は筋肉使わなくなってわざわざ金を払って、ジムに行って、何の生産性もないのにものを上げたり下げたりとか、どこにも行き着かない自転車をこいでたりとか、不思議な行動に出るわけですよ。

大宮　闇の教室、義務教育に入れたいですね！

倉本　そうです。僕、東大行かなかったからそう言うわけじゃないんだけど、学校教育は、根本的なところでズレちゃってるって気がするんですよ。だって、科学者が兵器を作ることに労力を使っているでしょ。そんなこと考える暇があるなら、温暖化の原因になる牛のゲップを集めて発電する方法を考えたほうがいい。

大宮　！

倉本　世界で排出される温室効果ガスの4〜5%を占めるっていうんだから。

大宮　そんなにですか。

倉本　僕は森を育てているんだけど、それはCO_2を吸収し、酸素を産出する葉っぱをつくるため。みんなは金になる幹のことばっかり考えているでしょ。それを変えるために自然塾やってます。

人生の素晴らしさって
チックの積み重ねだと思った

倉本さんは、憧れというか雲の上の人でもあった。「北の国から」というドラマに感銘を受けて、どんな人なのかなあと思っていた。

そんな倉本さんから新しいことばを二つ教えてもらった。一つは、「チック」。ドラマの中ではチックが大事なんだそう。

チックは、筋ではなくて琴線にふれる言葉だったりシーンだったり。

確かに人生の素晴らしさって、小さなチックの積み重ねかもしれない。自分がどうなって何かを達成して、じゃなくて。何者かにならずとも、その過程での小さな忘れられないシーン、心に残る情景やことば、空気感、そんなものが生きてる意味だったりご褒美だったりすると思った。

倉本さんは正直な人だった。なんで富良野に行ったんですか？転機は？という質問に、

「いやいや、僕、ＮＨＫとぶつかっちゃって、東京にいられなくなって、北海道に逃げたんです」

いきなりなんだか北の国からである。ちなみに、倉本さんの、この「いやいや」ということばの合いの手が好きだ。

「でもそのおかげでこういう今の生活ができるようになった」

何が好転するかわからない。逃げることはもしかしたら、新しい自分を見つける積極的な術かもしれない。

戦争を経験されている倉本さんにウクライナ情勢について聞いてみると、のっけから視点が違う。

「つまりね、復興っていうのはね、どういうことかっていうのを、僕らは見てるわけですよね」

戦争をまず復興から。

「僕らは疎開しましたけども、東京に帰ってきたとき、がれきの山だったでしょ。地震が起きたときとか、洪水が起きたときに、泥だらけになった映像が、最近でもよく映るじゃないですか。あれのも

っと激しいやつですよね、爆撃されたがれきの山っていうのは」

倉本さんの語り口から、やけにリアルな絵が浮かぶ。

「誰がどうやって（がれきを）動かすのって、当時は重機がなかったでしょ。全部手作業。それを、腹をすかせた当時の人間がみんなやったわけです、手作業でね。渋谷の街だって、そういう僕らの先輩たちが、汗水流して取り除いたとこにアスファルトを張って、その上にいまの街があるってことを若者たちは知らない。戦争なんて、おおよそ自分が行くことになろうなんてことは思ってもいない。コロナ禍でも路上飲みなんかしてるのを見ると、おまえらの足元の下に何があるかって少し考えてみられないの？って」

想像力があれば足元からも戦争は感じ取って考えることができるんだ。そして倉本さんからもう一つ新しいことばを知る。

「僕、この間、『貧幸』という言葉を自分で言ったんだけど、貧しい幸せってね。僕ら、戦争中に防空壕の中に飛び込んでね、おやじやおふくろに抱かれて、うちはクリスチャンだったから、賛美歌を一生懸命歌った。爆弾の落ちる音の中で。僕はあのとき、ものすごく幸せだったという記憶があるの。全然その、不幸せとか、そういうのを感じてなかったっていう記憶が、いま残っているのね。親に守られてるっていう、ぬくもりがあって、親のにおいがあって」

恐怖の中で感じた強烈な幸せ。いま、豊かな時代だけれど幸せの濃度や密度は薄いのかもしれない。

自分の体を動かして、大地を踏み締めて、心を揺さぶって生きていきたいと強く思った。

２０２２年9月19日号～10月10－17日号掲載

東大の授業とデモ参加
薬害エイズ問題を機に
報道志した

膳場貴子さん

ぜんば・たかこ／1975年、東京都生まれ。97年、東京大学医学部健康科学・看護学科卒業。同年NHKアナウンサーに。「おはよう日本」「プロジェクトX」などに携わり、紅白歌合戦の紅組司会も務める。2006年からTBSテレビ「NEWS23」で、16年からは「報道特集」、24年からは「サンデーモーニング」でキャスター

小学生時代にいじめで転校
母には本当に感謝してます

膳場　四半世紀も前のことだし……。

大宮　ですよね。でも東大の話ばかりの連載ではないの。あくまできっかけ。大学一緒じゃん！って。あまり人に出会わなくなってきたから。

膳場　そうですよね。私も職業柄、取材には行くけどもともとそんなに。

大宮　ね。あ、膳場さん、普段着？

膳場　仕事モードだと、どうしても「膳場キ

ャスター」として受け答えしちゃう。今日はせっかく大宮さんに会えるんだからそれは絶対やめようと思って、普段着で来ました。

大宮　うれしい！　お会いしてみたかったから。私たち同級生くらいだそうですよ。私は1975年生まれ。

膳場　私はその年の早生まれです。

大宮　おお！　それにしても膳場さんはなんで東大行ったんですか？

膳場　なんでって考えてたんですけど……。一番近い大学だったんです。

大宮　加藤登紀子さんタイプ（笑）。

膳場　ただ近いだけじゃなく、そうね。そのころに父ががんで倒れまして、あまり大学に学費をかけられないような家の中の空気があったのと、私、中高で私立に行かせてもらっちゃったから、公立育ちの姉の目も気になって。私ばかりぜいたくしたらいけないって。

大宮　女子学院でしょ？　私も中学受験したけど御三家は憧れでした！

膳場　あれ、大宮さん、ご出身は？

大宮　出身は大阪なんですけど、小学校から東京にきたんですよ。そしたらすごくいじめられまして。念のため中学を見に行ったら窓ガラスが全部割れてたから私立に行こうと。

膳場　わー、すさんでる。でも、そういう時代でしたよね。

大宮　あと、私をいじめている人が塾に誘ってきたんです。塾ではいじめられなくて受験したくなった。

膳場　私も塾は安全な場所でしたよ。私も小学生のときにいじめにあって。

大宮　えっ、膳場さんでも？

膳場　あと、担任がよくどなる男性の先生で精神的に参って。それに気づいた母が隣の学校に転校させてくれたんです。大人になって振り返ると、よくそこまでしてくれたと思う。あれはほんとにありがたかった。

大宮　いいお母様！

膳場　うちの近所も当時荒れてて。連帯責任で、一列に並んでみんなでビンタされるなんて話を姉から聞いて、叩かれる学校は無理だと思って受験しました。

大宮　私も女子校だったんですが女子特有のグループ文化が馴染めず、一人でご飯食べてました。膳場さんはなじめてました？

膳場　すごく自由な学校で、同調圧力が全くない珍しい環境だったんです。それぞれの個性をみんなが認め合っている感じで。大学……みたいな感じ。いろんな人がいましたよ。辛酸なめ子さんが同級生なんですけど、彼女はクリエイティブでとっても尊敬されてたな。脱力系の学内新聞を自発的に書いていて、みんな楽しみに待ってました。

大宮　膳場さんは？

膳場　えへへ、筋肉少女帯の追っかけをしてました。

大宮　(笑)。じゃあ軽音？

膳場　やってないです。それ以外は個性がないから勉強していました。

大宮　個性ない？　部活は？

膳場　ダンス班でした。

大宮　個性あるじゃないですか！

膳場　でもそれも、子ども心に、私はいま成長期だから体を動かしておかなければいけない、というような義務感が入り口で。発想がきまじめな子でしたね、むかしは。

大宮　その、今も残ってるきまじめが、おもしろいですよ！

東大駒場はザ・教養の大海原　NHK時代も聴講してました

大宮　東大感がないですよね。

膳場　すみません（笑）。

大宮　あ、いや海外っぽいなと。

膳場　東大って勉強が得意なだけかと思いきや、あれもこれもできちゃうみたいな余力のある人が多くなかった？　だから自分は凡庸すぎて東大感ないなっていつも思ってました。

大宮　凡庸じゃないですって（笑）。でも確かにまわりが頭良すぎて、私は浮いてました。膳場さん、大学どうでした？

膳場　楽しかったですよ。

大宮　えー！　どのように、ですか。

膳場　教養課程とか、教授陣も授業内容もぜいたくすぎて、キャッハーって感じに（笑）。

大宮　どんな授業受けてました？

膳場　取材受けるから間違えられないと思って、実はね、成績表確認してきました。

大宮　まじめー！　まじめすぎます。こんなゲストみたことないですよ。

膳場　ははは。大学時代の記録をボックス1個分に圧縮して残してあるの。好きだった授業のノートとかレポートとか卒論とか。で、成績表持ってきちゃったんだけど、見ます？

大宮　見たいです。え？　成績表ってこんなだったっけ？　思い出せない（笑）。あ、私も松原望先生（の授業）取ってた！

膳場　取ってた？　あと、宮台真司先生の現代社会論とか。

大宮　うんうん！

膳場　宮台先生、大人気だったよね。ブルセラとか援助交際とか扱ってて。私、毎回カセットテープで録音するくらい好きだったのに、試験受けてないの。点数が悪かったら悲しくてヤダ、とか思って敵前逃亡。弱い(笑)。

大宮　インパクトあったね。試験も「自問自答せよ」だったんですよ。１００点くれました。

膳場　すごい！　受ければよかった。

大宮　なにこれ、ヘブライ語？

膳場　ヘブライ語好きだったな。先生とも仲良しで。あとは古代ギリシャ語も。もうラインアップが、ザ・教養の大海原じゃない？

大宮　今見てもワクワクする。

膳場さん、成績優秀。学問、大好きじゃないですか。

膳場　なにを隠そう、社会人になってからも東大で聴講生してました。

大宮　うそー！

膳場　ＮＨＫ時代、職場の渋谷から駒場（キャンパス）が近かったんで。

大宮　何がセンサーに引っかかったんですか？

膳場　え、ギリシャ神話史とか。

大宮　やっぱそっち系なんですね。

膳場　仕事と全然違う分野に触れられるのも良かったみたい。セイレーンの話を聴講して幸せな気分になったりね。

大宮　眠くならなかったですか？

膳場　なんでしょうね。新しいことを知る楽しみなんでしょうね。

大宮　でも、中国語でもロシア語でもいいわけで、なんでヘブライ語？

膳場　私、王道よりもちょっとマイナーなものにひかれる傾向があるみたい。大学でも文Ⅲとか医学部健康科学・看護学科とかね。東大のような「ザ・中枢」には、国家を担っていこうって学生や前人未到の研究成果を目指す学生が当たり前にいたけれど、私にはそれがまぶしすぎたのね。

大宮　横目に見てるのが好きとか？

膳場　そう。王道を突き進む同級生たちを、すごいなと思いながら、周縁にいるのが心地よくて。

大宮　客観的に見ているんですね。

膳場　そうそう。一歩身を引いて。でも心の中では、「王道もいいけど、周縁にも侮れない価値があるよ」って思ってた。それは今も変わっていないかな。

薬害エイズ問題に触れて報道をやりたいと思った

大宮　大学出た後は就職しようと？

膳場　思った。半年も東大にいたら、自分は研究者になれるかどうかわかっちゃう。もともと、アングラな日本文学に興味があったんだけど、知識量も分析力もはるかにすごい友人たちを見て、自分はスペシャリストになるタイプじゃないなって悟って。

大宮　研究者に向いている人って？

膳場　何かに没入できる人？

大宮　私から見ると、膳場さん十分没入している感じに見えますが。

膳場　してないよー。ただ、興味の幅は広いから、メディアには向いていたのかも。ちょうど専門課程に進んだころ、薬害エイズが社会問題化して、同世代の川田龍平さんっていまは参院議員ですが、血液製剤でＨＩＶに感染したと顔を出してカミングアウトしたんです。私、1歳違いの子が薬害で苦しんでるのがショックで、彼が「厚生省を人のくさりで囲もう」って呼びかけた時、参加しにいったの。チカラになりたいって。

大宮　えー！　学生のときに？

膳場　学生のときに。

大宮　みんな行ってました？

膳場　行ってなかった（笑）。

大宮　加藤登紀子さんの遺伝子を受け継いでいる人がいた！

膳場　いえいえ。でも実は、もう一方の当事者の郡司篤晃さんって元厚生省生物製剤課長が、教授として学科にいらしたんですよ。報道では激しく糾弾されていたんだけど、誠実な先生で。授業を受けながら、これはなんだろうと。私には断罪できないなとすごく思って。

大宮　なるほど。

膳場　新しく出てきた感染症で、当時は未知な要素が多かったから、あのとき担当課長だった教授の対応を、無策で無責任だったって責めることはできないんです。

大宮　じゃあ人災じゃなかったってこと？

膳場　うーん。残念ながら、その後ＨＩＶの新しい知見を得たり、被害の実態がわかった時点ですぐに厚生省が対応すれば、被害はもっと食い止められていた。でもね、メディアで一面的に語られることでも、実際にはいろんな面があるから、私はどっちも見て考えたいな、ってすごく思ったの。それがたぶん、私が報道をやりたいと思った原点だと思う。

大宮　当時のＮＨＫって女性は少なかったんじゃ？

膳場　いまと違って女性は30歳くらいまではサブが多かったね。

大宮　そういうもんですか。

膳場　うん。生活情報は女性がメインでも、報道は年配男性がメインっていうのが定番だった。「膳場さんの能力とやる気の問題です」って言われてたら納得したけど、若くて女だとサブなのねって思ってた。

大宮　そのときは、今にみてろと？

膳場　少しは責任持たせてよ、って思ってた。大事な仕事はぜんぶメインの年上の男性がやっちゃうなーって不満に思ったり。

大宮　ケンカには？

膳場　ケンカはなかったけど、自然モノの特集で、沖縄のジュゴンの話をやったんです。藻場に土砂が流れ出てエサがなくなったっていうくだりで、当初の試写では基地建設の影響って説明していたのが、あるとき「護岸工事」ってワードに置き換わって。違和感あったから「え、どうして変わったんですか」っていつまでも言ってたら、「膳場、ちょっと来い」って廊下に呼び出されました。

大宮　「あ！　裸の王様だ！」って言っちゃう人だ、膳場さん（笑）。で、どうやって乗り越えたんですか。

膳場　組織から離れたら一個人として評価されるようになりました。

公園のアリを3匹持ち帰りテレビに映して愛でてました

大宮　わたし、２０２２年から猫を2匹飼い始めたんです。膳場さんは生き物は？

膳場　大好き。大学3年生のとき、実習で使ったハツカネズミを最後に頸椎脱臼させて殺すのが嫌で、家に連れて帰って飼ってました。

大宮　えええええ！　そんな人いるの!?　確かに私も薬学部であれがどうもできなくて研究者の道を諦めたからね。しかし飼うとは。

膳場　ＮＨＫに入って静岡に配属されたんだけど、初めての一人暮らしのお供でした、チューちゃん。食事のときテーブルに乗せてあげると、お皿にきて食べ物をおねだりして。なぐさめられたなあ。実験用のハツカネズミは歴代4匹飼ってて、最後の子は、シンポジウムで知り合った薬学部の研究者に譲ってもらったよ。

大宮　いや〜、変わってるー！

膳場　急に遠くにいかないで（笑）。

大宮　（笑）。今は飼ってないよね？

膳場　えっ……。いろいろいます。子どもが好きだから昆虫とか。そこに大人が便乗して、大型の甲虫から始まって、爬虫類や両生類や水棲生物、文鳥も。

大宮　すごいっすね。

膳場　寝ようと思うとカエルが鳴き始めたり、生き餌のコオロギが脱走して、家のいろんな場所で虫の音が聞けたりするよ。

大宮　何が餌で、何を飼っているのか……。

膳場　ほんとよね。最初はコオロギの声って風情あるなあ、とか思ってたけど、最近はちょっと「ふっぜー」ってなってる。

大宮　突然だけど、膳場さん自身、泣いたりする？

膳場　よく落ち込むけど、泣くことはないかな。感情は安定して低空飛行。

大宮　感情の動きが大きい人は、そんなにいろいろ飼えないと思ったんですよね。

膳場　たしかに、お別れがあるもんね。でもね、半年間一緒に暮らしたクロオオアリが死んだときは、自分でも引くほど落ち込んだ。私、アリについては巣作りを観察する派じゃなく、関係性をじっくり観察する派なのね。

大宮　関係性……？

膳場　アリって、口うつしで仲間に甘露をわけたり、からだを掃除しあったり、お互いを思いやる行動がすごく多いの。仲間に身を委ねる様子なんて感動しちゃう。虫に人生を学べって本気で思いましたもん。それで、すっかり夢中になってね。

大宮　へー！

膳場　近所の公園で巣穴から3匹捕まえて、愛でてたんです。

大宮　すいません、近所の公園で捕まえたのは何歳のときの話？

膳場　45歳。

大宮　やばい（笑）。最近じゃん！

膳場　子どもを隠れみのに（笑）。で、アリって長寿なんだけど、地表に出ているのはそもそも高齢な個体が多いから、半年しか飼えなくてね。

大宮　その知識はどこから？

膳場　図鑑や専門家のサイト。スマホで撮影しながらテレビの大画面に映すと、これが即席ナショナルジオグラフィックって感じで、いくらでも見ていられる。

大宮　何時ぐらいにそれをしているんですか？

膳場　夜の11時とか。アリを喜ばせたくて、いまハム刻んであげるね、とか。

大宮　すごいっすね。もう旅とか行く必要ないですね。

膳場　虫はいいですよ。あ、ごめん、東大の話になってない！

大宮　いやいや、東大生の片鱗を見ました。

私にはない爽快さと好奇心　膳場さんは今もまぶしい

膳場さんは、素敵だなあと思う人だった。どこら辺がかというと、まじめなところ。それがとても可愛くチャーミングなのがおもしろい。

大学の同窓会という連載だからと、大学時代の成績表を持ってきてくれた。私などとうに紛失している。話がきっと弾むという心遣いが可愛い。また、わざとカジュアルな服を着てきてくれたのもみんながアッとなった。「仕事っぽく会いたくなかったから」。またキュンとくる。いい時間にしたいなと思ってくれたんだなぁとまたキュン。

持ってきてくれた成績表を見たら、ヘブライ語を選択していた。「あと、古代ギリシャ語とかも取ってた。ザ・教養の大海原じゃないですか」。確かにそうだ。あんな環境ない。東大の駒場時代はいろんな学問が自由に学べる。けれど私はその大海原を航海せず、浜に打ち上げられていじけて海をみていた。波に乗れなかった。今もそう。好奇心がそんなにない。「私、社会人になってからも、東大の教養学部に聴講生とかで行っちゃったもん」。そんな膳場さんが今もまぶしい。海の上から、「こっちだよぉ〜」と手を振ってくれているよう。このいつまでも女子大生のような目の輝きと知的好奇心が泉みたいに湧き出てるのが膳場さんなんだ。

「私、マニアックなものが好きという傾向があって。東大でも文Ⅲ

とか医学部健康科学・看護学科とかね」

　自己分析が彼女の面白みでもある。よく見ている、人も自分自身も。

「東大って『ザ・中枢』じゃないですか。ザ・中枢の人々をまぶしいなと思いながらも、私は一歩身を引いて、中枢ではあっても周縁に徹するぞというのがありました」

　人はなかなか自分の置き所がわからず、ないものねだりをする。自己分析もできずに気づかないふりをして無茶をするけど膳場さんは違う。

「大学に入ってまず気づいたのが私は凡庸だなって。何を専攻しようかと考えたときに、教養は楽しくて学ぶんですけども、自分は演繹的にものを考える頭脳が足りないと思って。帰納的にしか考えられない」

　膳場さんの話すことは文章になっても読み応えがある。やっぱりジャーナリストなんだなあと思う。読んできている量が違う。私は無知で聞く。「演繹的って、なに?」

「こうだからこうに違いないって理屈を展開していくこと。帰納法は複数の事例から結論を導いていく。私は形あるもの、実体あるものから帰納的に考えることは得意だけど、演繹的に考えるのがヘタクソで」

たまたま彼女が学生時代に、当時、薬害問題の対立関係にあった双方を実際に見たことで、報道に興味を持ったというのも、これまた膳場さんらしい。まじめな探究心に基づく正義感なのだ。どちらが正しいではなく物事には両面があり、いろんな真実があることをきちんと伝えるべきという正義。そんな彼女に休日の過ごし方を聞いたら、「ぐーぐー寝ている」と言われ、安心した。

印象的だったのは、大学時代が楽しかったかと聞いたら、「楽しかった。いろんな授業があるじゃないですか。教養課程とか、もうキャッハーみたいな」と。感性を刺激されますよね、じゃなく、キャッハーと表現する、その軽やかさ。いろんな社会の理不尽もあるだろうが、彼女は、だいたい、キャッハーと乗り越えてきたのかなと思った。私にない爽快さ。もし同じ教室で共に学んでいたら、私は大いに影響を受けただろう。でもこれからでも遅くない？

2022年10月24日号〜11月14日号掲載

文Ⅰで学んだが
哲学を学びたくて
50歳で東大へ再入学

小椋佳さん

おぐら・けい／1944年、東京都生まれ。67年、東大法学部卒業後、日本勧業銀行（現みずほ銀行）に入行。71年、初アルバム「青春～砂漠の少年～」を発表。退職して、94年に法学部に、96年に文学部に再入学。2000年、大学院修士号取得。全国各地で「歌紡ぎの会」を開催中

高2で哲学病にかかって10年
たばこの煙に救われました

大宮　この作務衣は、いつも？

小椋　普段着てますよ。もう死後だから、僕は。

大宮　えっ？

小椋　生前葬（コンサート）は2014年にやって、お葬式も終わっている人間だから。今やってるのは、ファイナルコンサートツアーです。23年の1月まで42回で終わり。

大宮　本当にやめちゃうんですか。

小椋　僕、デビューした覚えがないから、引退もできないんですよ。ただツアーはもうやめようと。

大宮　ああ、なるほど、よかったです。いや、私の父がすごいファンで。生きてれば100歳ぐらい。よく小椋さんの話を聞いてました。

小椋　ああ、そうですか。

大宮　そもそも東大を受験されたのは、何か理由があった？

小椋　文Ⅲでサンスクリット文学をやって、インドに渡ろうと思ってたんだよ。だけど、模擬テストの結果を見て、高校の先生が「君の成績なら文Ⅰだ」って言うんだよね。

大宮　めちゃくちゃ頭よかったんですね。

小椋　いやいや。僕も弱い人間だね。学校の言うまんまに法学部に行かなきゃいけないのかと思っちゃって。

大宮　期待に応えちゃうタイプ？

小椋　まあ中学以来、優等生になっちゃってたんだね。知らない間にね。

大宮　えーっ。

小椋　違うんだよ、いい成績持って親戚を回るとさ、いっぱいお小遣いもらえるんだよ。ああ、これは成績いいほうが、得だなと思ってさ。

大宮　現金な感じですね。

小椋　それで、予習、復習やるような人間になっちゃって。

大宮　すごいですねえ。でも、そんなに優秀だと、ちょっとこう、性格もねじ曲がりそうなのに……。

小椋　うん、だからいやらしい優等生だったと思うよ。

大宮　本当ですか。作品を聴いていると、もう純粋な気持ちをずっと持っているような。

小椋　いやいや、それは高校時代に思い悩んだから。どうやって僕は生きていったらいいんだ、とかね。

大宮　えーっ。全てが早いですね。

小椋　高校の先生がなぜか僕に目を付けて、放課後に特訓したわけ。

大宮　何の特訓ですか。

小椋　国語の。本に赤線、青線引いて精読する。そうしたら、読む本も恋愛小説から、だんだん思想書、哲学書になっていくじゃない。

大宮　はいはい。

小椋　そして僕自身が「哲学病」にかかっちゃって。高校2年の秋から。

大宮　えーっ。

小椋　正義とは何かとか神とは何かとかさ。言葉の世界にのめり込んでいっちゃった。全神経がね、鋭敏になっちゃうんだよ。するとね、カメラのシャッターの音なんかしたら、ブワーンッていう音に聞こえるの。

大宮　うわあ、それはしんどいですね。どうやってはい出したんですか。

小椋　はい出せなかった。治るまでに10年間かかったね。

大宮　じゃあご自身も、なぜ治ったか分からず、ですか。

小椋　たばこのおかげなんだよ。

大宮　あ、意外な。

小椋　たばこの煙の軌道って読めないよね。ある夜中に、たばこを吸って煙を見ていた。ふとね、ちょっと待てよと。僕は人間には分かりっこないことを分かろうとするから悩んでたんだなって思った。そうしたら気が楽になっていった。

大宮　へえ。たばこは恩人であり、お友達ですね。

小椋　絶対やめないね。

「大組織でも創造的な人間に」卒業コンパで大言壮語した

大宮　文Iで法律を勉強して銀行に就職って意外です。小椋さんはなんで銀行員になったんですか。

小椋　当時、東大の場合、売り手市場って言うのかな。先輩が何人か入っていたし、面白くて居心地よさそうな場所に行きゃいいと思ったから。

大宮　そうなんですね。

小椋　勧銀（日本勧業銀行、現みずほ銀行）に入ったけど、後ろめたさがあるよね。創造的な人生を生きなきゃいけないと思ってるのに、なんで銀行なんかに入るんだって。

大宮　なるほど。

小椋　あなたは芸術家さんですけどね、僕も大学3、4年から絵を描いたり、音楽をしたり、芝居を作ったりしました。何をやってもだめでしたけどね。創造することが、生きている証しだと思っていたんですよ。だから、大組織に入るけど、創造的な作業をする人間でい続ける、表現者であり続ける、と卒業コンパのときに、大言壮語してたよ。

大宮　銀行ではどんなことを？

小椋　銀行の中でも、銀行としての新しい仕事には飛びついたね。2年目で資生堂グループの担当になったんですよ。資生堂は当時、勧銀の上得意さん。毎日、資生堂の研究をしましたよ。本社にも、系列の会社にも通いました。資生堂を担当した1年間は、面白くてしょうがなかった。いろんなことをしたよ。

大宮　へぇ、どんなふうに？

小椋　例えば資生堂が物を買うでしょ。支払いに約束手形を使う。いろんな銀行の約束手形を切ると、財務部長はそれぞれの銀行の手形用紙にハンコを押さないといけない。だから、手形の用紙を機械で印刷して、ハンコも機械で印字しましょうと提案したの。資生堂が切る約束手形は全部、勧銀のものにしましょうと。

大宮　こっちのほうが楽じゃない？っていうサービスにしたわけですね。

小椋　そうすると、資生堂の支払資金は必ず全て勧銀に来るわけです。

大宮　すごい。小椋さんが考えたんですね。

小椋　そうね。それから大体、「銀行として初めてやる業務は、全部神田（小椋さんの本名）っていうやつにやらしゃあいいや」ってなった。

大宮　ひえー。そんな面白かったのに、辞めちゃうわけですよね。

小椋　49歳でね。

大宮　なんでだったんですか。

小椋　平家物語の最後の章にあるけど、「見るべきほどのことは見つ」っていうことだよ。上から下まで、横も縦も、もう見終わった。

大宮　組織の一員としての生活が、作詞に生きましたか。

小椋　どうですかね。仕事というのは、普通2、3の選択肢から一つを選ぶんだよね。支店の預金の件数を伸ばすためには、人海戦術がいいか、何がいいか。その中の一つを選んで、一生懸命やるんだよ。ところが歌作りは、全く無限の選択肢でしょう、言葉なんていうのは。

大宮 なるほど。

小椋 歌を作るって、初めて素の自分、それこそ青春時代の「俺、何のために生きてるんだ」へ戻らないとできない作業なんですよ。

大宮 その青春時代の問いに回答は、何歳くらいで出たんですか。

小椋 出ないよ。

大宮 えっ、出ないですか？

小椋 だってないんだもん、そんな答えは。

大宮 でもさっき……。

小椋 たばこの話と同じ。生きてる意味はなんだ、なんてない、答えが。

大宮 ないっていうことに気づいたんですね。

哲学学びたくて50歳で再入学
東大に通算10年行きました

小椋 僕、東大に通算10年行ったわけだな。最初4年で卒業して、50歳で学士入学し、大学院にも行って。

大宮 なんで東大に戻ったんですか。

小椋 哲学やりたくて戻ったの。でも、文学部の入学試験科目に、外国語が二つも入っているんだよ。

大宮 えーっ。

小椋 9月に銀行を辞めて、翌年の1月に入学試験でしょ。銀行で英語はずいぶん使ってきたからいいとしても、もう1カ国語を4カ月でマスターするのはちょっと難しい。

大宮 無理ですよ！

小椋 それで、僕と同期の、のちに名誉教授になった哲学の主任教官に相談したら、そいつが「卒業した学部に再入学するなら、筆記試験はない」って言うんだよ。僕は法学なんかもう絶対やりたくない。そうしたら、またバカだなって言われてね。東大に入っちゃえば、いくらでも文学部に聴講に行けるじゃないかと。

大宮　ああ、なるほど。

小椋　だから入っちゃえばいいんだということね。法学部にまず入ったの、面接だけで。それでほとんど文学部の授業を受けてた。

大宮　へー！

小椋　ところがね、東大に入り直して、勉強しだしたら、面白くてしょうがないんだよ、これが。昔、大っ嫌いだった法学がさ。

大宮　いい話。

小椋　法学部って、公法、私法、政治学と三つのコースがあるの。僕は1度目は私法、2度目は政治学コースを取ったわけ。50歳になって、学生に戻ったら、授業が面白くてしょうがなくてさ、何か。授業が終わったら図書館に行って。朝一番から夜まで皆勤賞。

大宮　先生もプレッシャーですね。小椋佳が見てるって思うとね。

小椋　30年ぶりに大学の授業を見たら、最初はつまんなかったんだよ。30年前と同じ教え方をしてるわけ。教室に来る学生の数が、月ごとに減っていくんだよね。それで研究室に行って言ったわけ。「先生、教え方変えなきゃダメだよ」って。大学の講義っていうのもエンターテインメントだ、と。１００分の授業が終わるまで、一瞬たりとも学生が飽きない講義はこうやるんだって。

大宮　どう教えたんですか？

小椋　5分に1回笑わせる。

大宮　え、難しいじゃないですか！

小椋　大変だよ、ステージっていうのは。それから「あ、初めて聞いた話だ」みたいな情報を出す。

大宮　東大の授業を面白くした男！

小椋　いつも3列目ぐらいに座ってたら、授業が終わると教授が聞きに来るわけ。「今日はいかがだったでしょうか」って（笑）。

大宮　（笑）。

小椋　50歳から取った何十科目は全優ですよ。本当は2年間あるはずなのに、1年で単位オーバー。で、2回目の東大はそこで卒業。

大宮　2回も！

小椋　で、やっぱり文学部に入らなきゃダメだって思って。それから1年間、フランス語を勉強して、翌年、哲学科に入り、3度目の卒業をして、修士課程へ進みました。

大宮　なんと！　小椋さん、なんでも達成しちゃう。いまは何に夢中になってるんです？

小椋　自分で戯曲を書き下ろして、自分の納得いくミュージカルを一本作って死にたいなっていう希望があるんです。それから、舞台をする人たちの基地もつくってる。代々木駅の近くに。23年8月に完成します。人生の最後に何かやろうかなと思って。僕なりの社会還元です。

組織内のアウトサイダーに小椋さんの生き方にしびれた

小椋さんは音楽家なのに、私たちに銀行員時代の話を、目をキラキラさせて長い時間した。それがなんだか印象的だった。とてもいい時間だった。一人の男の一編の物語を読むような。映画のワンシーンのような。

一貫して小椋さんにあるのは哲学者だっていうこと。どんな仕事をする上でも、自分がどうありたいかを確実にしてから臨まれるようだ。そこに共感するというかしびれる。

「組織内存在として、時代を観察し、周囲の人間を見て、何かを描出するっていうのが、僕の作業なの。銀行に入るときに、そう決めたんだ」

もっと言葉を待つとこんなふうに言う。

「ある意味ではね、日本人の最大課題は、人間の疎外っていう問題」

こうくる。人間の疎外、しびれる。

「要するに戦後、第2次大戦が終わって、日本は、経済第一主義の国になったんだよ。で、経済でナンバーワンになっていく。急速に発展するために取られた方策が、人間の組織化、管理化なんだよ。組織的に日本人を使えば、みんな一生懸命で、他国よりも発展する。だから、日本人のあまねくは、何らかの組織に属するようなシステムを日本国中に作っていった。そこで生まれた病根が、人間の疎外というもの」

そうかもしれない。小椋さんは、誰もが、何らかの組織的な価値構造に身を染め上げられて生きていて、いつのまにか個っていうのを持ってない社会になっていると指摘する。だから、組織にいる意味を、「自分のテーマとして、組織内存在になりつつも、アウトサイダーであり続ける」とおっしゃった。そんな銀行員がいるだろうか。そして共感もした。自分もここまでではないけれど、会社員の頃そんなふうに思っていた。

「創造っていうのはテーマだから、銀行の中でも、銀行としての新しい仕事は、みんな僕、飛びついたね」

アイデアと気力さえあれば、埋没しないようにできるということなんだろう。そして組織だからこそ大きなことができる。世の中の枠組みを変えることすら。働く人にとっていい叱咤になる体験だなと思った。でも大変なことでもある。小椋さんだって、こう言うのだから。

「僕なんかはやっぱり、取り込まれることに抵抗する数十年間だったね」

と言いながらも、音楽家という表現者として生きる時間よりも、銀行員という組織の中で、個を発揮し、周りを動かしていったことのほうを、ドラマチックに話されるのは、やはり仲間や同志の存在や、ダイレクトに自分の仕掛けの結果と反応が生々しく跳ね返ってくるのが会社だったからだろう。音楽的ヒットは小椋さんにとっては、対岸の花火みたいな感覚もあったのだろうか。

それからもうひとつ、哲学者・小椋佳さんのことばでしびれたのが、「なんのために生きるのか、そんなもの答えなんかないってことに気づいた」

これは青春時代に発作が起きるほど悩んで、たばこの煙のランダムさにヒントを得て、開眼されたこと。

「待てよ、俺は答えのないことに悩んでいるかもしれない」と楽になったのだそう。そういう達観は現代人にいまとても必要かもしれない。

社会という大きな組織の中で、ダイナミズムを楽しみながらも、自分なりのテーマを持ち、衝突をも楽しむ。そして究極は、ただ精いっぱい生きることが意味なんだということ。

小椋さんとののんびりした時間は私にとっては、たばこの煙のようだった。

２０２２年11月28日号～12月19日号掲載

本を読んで
教授に会いに行き
議論を持ちかけていた

宮田裕章さん

みやた・ひろあき／1978年、岐阜県出身。2003年、東京大学大学院医学系研究科健康科学・看護学専攻修士課程修了。同分野保健学博士（論文）。慶應義塾大学医学部教授、東京大学特任教授。26年に開学予定の「Co−Innovation University（仮称）」学長候補

デジタルだから寄り添える科学を使って社会をよりよく

大宮　最近、いろんな人と話してると、宮田さんの話がよく出て。

宮田　あ、本当ですか。

大宮　そうです。だけど、みんな、宮田さんのことをあんまり詳しく教えてくれなかった……。

宮田　なるほど。正体不明のまま、謎の場所に来たわけですね（笑）。

大宮　一応調べたんですよ。ネットに「デー

タサイエンス」って書いてたけど、なんだろうみたいな。

宮田　簡単に言うと、科学を使って、社会をよりよくする、ということをやりたい人間です。

大宮　そこでデータを使おうと？

宮田　今の時代はデジタル、ひいてはデータが、社会のあり方を大きく変えていきます。この考えをベースに実践していくのが私の方式です。

大宮　ほう。やっぱりデータが世の中を変えるんですか。

宮田　データというか、まあデジタルですね。大量消費、大量生産の時代になって、お金がもっとも分かりやすく価値を示す手段になりました。ですが、これからの時代は、お金だけではなくて、データがさまざまな価値を可視化します。その上で、社会とかわれわれが、生き方そのものを考えていけるのです。

大宮　データが変えていく社会は、人に優しい社会？

宮田　デジタルだからこそ、寄り添えるものがあるんです。

大宮　例えばどんなことを？

宮田　今、シングルマザーに対するプロジェクトを行っています。日本のシングルマザーの貧困率は、途上国を含めても非常に高いのです。女性の働き手のうち、半分は非正規雇用なんですね。そこにもし病気になってしまったら……。貧困になる要因がたし算じゃなくて、かけ算で重なるわけです。けれども、たし算のように支援をする仕組みしかない。デジタルを使えば、かけ算のような形で、苦しみに寄り添う仕組みを作ることもできると考えています。

大宮　でも、シングルマザーの家庭すべてに戸別訪問できないですよね。どうやってデータを取るんですか。

宮田　日本って健診を熱心にやってますよね。そこから兆候をつかめたらいいいんじゃないかと考えています。

大宮　できますかね？

宮田　例えば、子どもの出生体重をもとに成長曲線を描きます。それで、実際の身長、体重の伸びが、その予測と外れ始めたら、何か起こっているかもしれないとわかる。虐待かもしれないですし、健康の問題か、貧困かもしれない。データを使えば、一人一人の状態に合わせて支援をすることができるのです。最大多数でなく「最大多様の最大幸福」を目指すことができる時代が来ています。

大宮　なるほどー。

宮田　病気についてもそうです。認知症が進行してから治すのは、かなり難しいんです。データを使うことでもっと手前からサポートができます。例えば、スマホが記録した歩くスピードが、一定より遅くなったときに、介入するとか。

大宮　ほんとだ。データサイエンス、寄り添ってる。ウォッチしてる。

宮田　一人一人が、その人らしく生きるために、どういう状態が保証されていなくちゃいけないのか。データで可視化しています。もちろん、その人の心の中に、答えがあればいいんです。けれども、データになれば、多様な人たちに寄り添うための手がかりになります。

大宮　確かに、豊かさと言っても人それぞれだから、データ化しないと、比べようがないし、議論にもならないっていうのは、分かってきました。

本を読んで教授を訪ね議論を持ちかけてました

大宮　どんな高校生だったんですか。

宮田　とにかく本を読んでました。科学とか哲学とか。

大宮　東大に入ろうっていうのはどうして？

宮田　前期は理Ⅱ、後期は文Ⅲに出願したんです。

大宮　えっ？

宮田　文理どっちでもいいいな。あるいは、両方やりたいって思って。

大宮　で、理Ⅱに入ったんですか。

宮田　そうです。東大に入って一番よかったのは、（1、2年次は）教養課程だったことです。

大宮　2年間のモラトリアムに、いろんな学問が学べる大学は、やっぱりほかにないですよね。

宮田　なかなかないですね。東大には感謝してます。

大宮　どんな科目を取ってましたか。

宮田　必要な授業だけ選択していました。

大宮　えっ!?

宮田　高校くらいから、自分で学ぶのはいいけど、誰かの言ったとおりに知識を習得するのは、すごく嫌いだったんです。で、自分がいま考えていることについて、重要な本とか概念を出している教授に対して、本を読んで、アクセスして。

大宮　なるほど、面白い。授業を取っている先生だけでなく、授業取ってない先生にも会いにいって「これはどういうことなんだ」と。

宮田　もちろん、追い返す人もいました。でも、データを取ってはいませんが、9割以上の人は歓迎してくれました。変わったやつだな、と。

大宮　何を話していたんですか。

宮田　いろいろな分野をつないでいかないと、やっぱり未来は見えないなと思って、議論を吹っかけていました。今でこそ、「デジタルで世界を変える」「DX」と言われますが、四半世紀前の当時は、「何言ってんだ、お前。金だよ、金。そんなありもしないもので世界が回るわけないじゃないか」という話だった。でも私は多元的な価値によって、社会が変わっていく時代になると思ってました。

大宮　なるほど。

宮田　実はその当時から医学領域はお金だけでない価値をデータで可視化していました。

大宮　へえ。

宮田　例えば命であったり、生活の質（クオリティー・オブ・ライフ）だったり。最近ではウェルビーイングという文脈で広まっていますね。

大宮　ウェルビーイングって、最近すごく聞きますよね。でもすごく難しい。定義が。だけど「うわー忙しい」と毎日を送っている人も病気を抱えている人もウェルビーイングであってほしい。

宮田　今の日本では、健康寿命は、例えば治る見込みのない認知症になったら終わり、という定義です。でもウェルビーイングの場合、そうじゃない。治る見込みがなかったとしても、その人らしく生きていくことをどう支えればいいのか考えるのです。だから「ウェルビーイング寿命」という、新しい定義を作ればいいわけなんです。その人が手芸や散歩を好きであれば、それを大事にする。

大宮　それをデータ化してサポートするわけですよね。

宮田　そうですね。今までは、あ・うんとか、ノンバーバルでやってきたサポートを可視化します。そうして、いろんなスタッフが、その人が大事にしているものを大事にできるような状況を作っていく。

大宮　なるほど、データって数字だけじゃないんですね。手芸だったり、散歩だったりもデータであると。

宮田　データを使って、人が大事にしているものに寄り添いたいと思っています。

ファッションにポリシーを多様性を積極的に表現したい

大宮　宮田さんって考えていることはすごく真面目なのに、いでたちは漫画の人みたいな感じですね。

宮田　まあまあ、そうですね。実は駒場（キャンパス）にいたころから、ファッションは変わってましたよ。

大宮　あ、そうなんですね！

宮田　今日着てるジャケットは古着で数千円ぐらい。デザイナーものだけを着てるわけじゃなくて、いろいろなものをミックスしているんです。学生の頃、聴いてる音楽で自分を表現する人がいたじゃないですか。

大宮　はいはい！

宮田　着るものがメッセージを発してしまうのであれば、私もそこに自分のポリシーを重ねていったほうが面白いかなって思ったんですよ。

大宮　へえー。

宮田　私服はずっとこんな感じですけど、7、8年前まではフォーマルな場では無難な格好をしていました。

大宮　心境の変化があったんですか。

宮田　多様性をもっと積極的に表現していかないと、と思ったからです。経済団体や行政って、多様性が大事だって言いながら、みんな同じ格好をしてて。

大宮　ああ、なるほどね。

宮田　大宮さんは生きざまで多様性が体現されてますよね。私なんかは分かりやすくしていかないと。

大宮　型にはまるのが嫌だからっていう気持ちもあるんですか？

宮田　それはあります。あと、日本の制服とかドレスコードが、個性やイノベーションの芽を摘み取ってきたんですよね。とにかく「無難＝正義」みたいなことにして。そういう意味では、ドレスコードの中で、いかに個性を出すかっていうことが大事なんじゃないかな。

大宮　宮田さん、「データがあれば、今の入試はいらなくなる」とおっしゃったみたいですね。東大の入試もいずれ変わるんですか。

宮田　私も受験を一通りくぐり抜けましたけど、今の受験勉強と、これからの社会を生きるスキルって、相当乖離していますよね。2021年、中国が6、7歳の児童の筆記試験を禁止しました。そこに子どもの時間を費やすのは、国家的な損失だと。

大宮　確かに。

宮田　受験勉強って、一人が切り離された状態で、ひたすら黙々と知識を集積して、与えられた答えに対する、正解の精度を競うわけですね。でも、いい弁護士の基準は10年前くらいに変わっていて、昔は正確に六法全書を覚えている人だったんですけど、そんなのグーグルさんに任せればいい。センスよく知識にアクセスして、いろいろな人とつながって、一緒に仕事をする。これが今のいい弁護士です。子どもたちに必要な学びも、そういう方向にシフトしなければなりませんが、東大とか慶應が一気にドラスティックに変わることは難しいので、われわれは、スタートアップとして、飛騨で新しい大学を作ろうとしています。

大宮　それがすごいですよね。なんでそういう話になったんですか。

宮田　私は岐阜出身なんです。それで、理事長候補は33歳の若者で。情熱的な人なんですよ。僕に会いに来て、「宮田さん、一緒に文明を作りましょう」と。

大宮　文明ってどういうことですか。

宮田　今までの文明って無意識なものが集積して、後付けされることが多かった。農業革命、産業革命とか。でも、そろそろ人は、意識的に文明を作りにいく時代なんじゃないか。一人一人が生きることが先にあった上で、社会を作っていくっていう大きな変化が生まれると思ってます。

貧困な日本をデータで救う魔法使いのような人

宮田さんとの対談の場所は慶應義塾大学病院内の宮田さんの研究室だった。レトロな外観の建物で風情があり、宮田さんの部屋は、床はちょっと段が高くなっていて木の舞台のよう。フローリングじゃなくて、舞台。そしてそこにおしゃれなテーブルと椅子。空間は、鏡の壁が迷路みたいになっていて、不思議の国のアリスのような気持ちになった。

そこにグレーヘアで衣装のような奇抜な格好の宮田さんが出てきたものだから、魔法使い!?と思った。

気さくな方だった。そもそも共通の知人がたくさんおり、社交的な方なんだなと思っていたが、東大時代、授業に出てもいないのに、教授が書いた本を読んで、議論しに行っていたそうで、なるほど、外へのエネルギーが半端ないと思った。学生時代、ともすると受け身になりがちである。ただぼんやり時が無駄にすぎるのであるが、宮田さんは違った。授業を受けていない学生と議論してみようと教授に思わせる話術とカリスマ性が学生時代からあったのだろう。

当時すでに、データが世の中を良くしてくれるという発想と信念をもたれていたそうだから、すごい。だって、いま日本は幸せじゃないから。かつて縄文時代や江戸時代にあったような、活気や助け合いや思いやりであふれているとはあまり思えない。経済的にも心理的にも貧困だ。

でも日本って、私の子どもの頃のイメージでは精神的にも経済的にも豊かだった。どこからこうなっちゃったのだろう。世界が憧れる精神性はどこへ。和をもって貴しとなす。喜びが溢れ、季節を感じ、本当のことがまかりとおった。常に議論があり、曲がったことは市民が怒った、一揆が起きた。人は自然と共生し、循環していた。風通しがよかった。ところが近年どうだろう。政治も何もかも密室だ。

宮田さんは子どもについてもデータサイエンスの可能性をこう語る。

「子どもがおうちで食事を取れてないっていう問題には、例えば学校では1学期に1回、身体測定で体重の伸びが分かるわけです。それが下に外れてきたら、何かあるかもしれないとか。これはまだ、これからやる話なので、まあ仮説なんですけど」

また医療に関しても、

「認知症が進行してから治すのは、かなり難しいんです。でも、リスクに陥らないようにすることはできる。そのうちの一つが、歩行速度。歩くスピードが一定より遅くなってくると、やっぱりそのリスクは高まってくるんです」

つまり江戸時代の長屋や、縄文時代の集落のように誰かがウォッチしたり介入する世の中ではないので、データが見守っていく、ウォッチしていくということなんだと思う。

そんな宮田さんのやりたいことのいまのキーワードは「文明開化」だそう。

「産業革命以降は、飢饉や災害が起こったりしてきて、アートが発達して、その、『わしは偉い』とか、『世の中がこうだ』じゃ動かなくなってきたんですよね。その次にきたのが経済の力で、お金があればいい幸せの可能性を手に入れられますよっていう、貨幣の力で世界をドライブしてきた。　ここから先は、一人一人が生きるっていうことが先にあって、それを重ねて、意図的に社会を作っていくことで大きな変化になっていくんじゃないかな。それを『ヒューマンビーイング』から『ヒューマンコービーイング』って言ってます」

末法の時代をデータで救う魔法使いの一人が宮田さんであってほしい。

2022年12月26日号〜2023年1月23日号掲載

特別編②

対談ゲストの東大合格法

「無理」と言われ一念発起した人　千日間の孤独な戦いを制した人

俳優・タレントの高田万由子さん（1994年、文学部卒）は、高校の進路相談で先生に「東大を狙いたい」と相談し、「ああ、あなたは無理よ」と言われ、一念発起。受験勉強を始めたのはなんと高校3年の10月だ。

「受験までの3カ月間をどう使うか考えました」という高田さんは、オリジナルの受験プログラムを作った。

「夜9時から12時は、宿題とかではなく、自分で作り上げたプログラムをこなしていくって決めてました。その間は、電話がかかってきても出ない、テレビも見ない、トイレにも行かない。100日間、合計300時間戦ったときに、自分は合格できるのか、できないかを実験しました」

当時は後期試験があり、センター試験3科目と、2次試験は外国語と社会に関する小論文だった。小論文は「自分で予想問題を40、50問作って、いろいろパターンを考えてたら、そこから2問出ました」。

「目指すゴールから逆算して、今の自分とゴールとの距離を縮めていった」という高田さん。東大受験で得た「段取り力」はその後の人生にも役立っているという。

高田さん同様、先生の言葉に奮起し、短期集中で合格したのが、歌手の加藤登紀子さん（68年、文学部卒）。高3のとき、学生運動をして成績が下がってきた時期に先生から「このままじゃ東大は無理だ」とこっぴどく言われ、「高校は受験のためにある時間ではありません」と言い返した。腹が立って東大しか受けないと決めて、勉強を始めたという。

元首相の鳩山由紀夫さん（69年、工学部卒）は父や祖父ら5代連続で東大進学の家庭。小中学校は学習院だったが高校は受験して都立へ。

「母がいつの間にかレールの上に乗せてくれていました」（鳩山さん）

クイズプレーヤーの伊沢拓司さん（2017年、経済学部卒）は、東大合格者数最多を誇る開成高校出身。ただ、高2の途中まではクイズ漬けの日々でそこからはクイズを断って、1日12時間勉強をしていたという。

東大合格者数が多い高校ならではのメリットがあった、と伊沢さん。

「もう、情報戦で有利というか。学校に行くだけでいい塾の先生とか、いい教材とかの情報が入ってきて」

情報を武器に現役合格した。

一方、地方出身の僧侶・松本紹圭さん（03年、文学部哲学科卒）は「孤独な修業感がありましたね」と言う。

「（北海道の）小樽の中でも外れの、昔は塩谷村って言われてた漁村にいました。だから小さい頃は東大とか考えたことなかったです」

東大を目指したきっかけは「高校入試の成績がたまたま1番だった」こと。何年かに1人、東大に入る生徒がいる高校だったので、自分も行けるかもしれない、と思ったという。

だが、学校で東大対策をしてくれるわけでもないし予備校にも行かなかった。松本さんは、高1のときに赤本を買ってきて、3年後にはこれを解けるようになればいいのか、と東大合格のための「千日間のプラン」を作成。孤独な戦いを戦い抜いた。入学後には、「こんなにもレールに乗ってきた人がいる場所なのか」と驚いたという。一方で、「道は作ればいいんだって手応えを得られたのが、東大受験の一番の収穫かもしれない」。

宇宙飛行士の野口聡一さん（1989年、工学部航空学科卒）は出身高校から初めての東大合格者。高3のときに、立花隆さんの『宇宙からの帰還』を読み、宇宙飛行士になりたくて、1浪して東大に進んだ。

勉強法は異なるが、みな受験勉強を通して多くの収穫を得たようだ。

アフリカの集落調査で「寂しくない建築」に目覚めた

隈研吾さん

くま・けんご／1954年、神奈川県出身。77年に東京大学工学部建築学科を卒業し、79年、同大大学院建築意匠専攻修士課程を修了。90年、隈研吾建築都市設計事務所を設立。慶應義塾大学教授、東京大学教授を経て、東京大学特別教授・名誉教授

目立つよりも周囲になじむ「負ける建築」がいい

大宮　今、どんな建築を手掛けられているんです？

隈　そうだな、チェコのね、ジューイッシュ（ユダヤ）ミュージアム。ホロコーストとか戦争のことを後世に伝えるもので、世界で最も古い現存するユダヤ人墓地でもあって……。

大宮　かなり重要な仕事ですね。

隈　そしてかなり慎重な。ジューイッシュミュージアムは世界各地にあるんだけれど、チ

エコのはユダヤの重要な拠点でもあり、それを日本人の僕が選ばれるというのは……。

大宮　一体、どうやってコンペで勝ったんです？

隈　ほかはモニュメント性が強いものだったようだけれど、僕らはその場所が交差点の真ん中に見えるから、みんなが集まる広場的なものにした。

大宮　どうしてそう思ったんです？

隈　僕の建築は負ける建築なんです。

大宮　え？　負ける建築？

隈　2000年くらいからコンピューターを使ってぐにゃぐにゃの形が自由にできるようになったんだけれど、僕はそうじゃなく、まわりの関係性で考える。自分だけが目立てばいいっていうのが勝つ建築だとしたら僕のは負ける建築。

大宮　負けるという言葉じゃなくてもいろいろあったのに（笑）。

隈　自分の一番しっくりくる言葉が「負ける」だったんですね。「調和」とかはわざとらしいなと。

大宮　この前、熱海に行った時、カフェ（COEDA HOUSE）みましたよ。巣箱みたいで入りたくなっちゃうのか居心地いいのか、たくさんお客さま、並んでました。

隈　それが一番の目標です。でも、あそこまで受けると思わなかった。

大宮　ですよね。あ、ですよねとか言って、失礼(笑)。だって普通っぽいじゃないですか。

隈　普通だよね。

大宮　でも、かわいくて場になじんでる。できそうでできないですよね。

隈　狙ってもできないね。

大宮　枝を組んだような、かといって、ログハウスでもなくて。

隈　まさに巣箱だね。組んだ部材のバランスを取るために、テクニックとしては実は高度なことをやってるんです。カーボンファイバーのワイヤを引っ張って支えているんだよね。見えないところに高度なテクニックがあるんだけど、あんまり見せつけない。逆に隠しながらね。

大宮　あんまり仰々しいと、ウッて萎縮しちゃいますもんね。そういう発想はパッと思いつくものです？

隈　ケース・バイ・ケース。青山の「サニーヒルズ」という台湾のパイナップルケーキ屋さんは話しながら思いついちゃった。木を組んでいったらパイナップルみたいになるぞと。

大宮　逆に、苦戦！みたいなのは？

隈　中国の芸大（中国美術学院博物館）に新しくつくる美術館。きっと目立つ建築がいいんだろうなと考えたんだけど、心の中では何かちょっと違うなと思って。

大宮　（笑）。

隈　自分の中で折り合いがつかなくて、1案でよかったのに、目立つ系2案と目立たない系1案を出した。そしたら、目立たない系が選ばれた。

大宮　目立つ系が選ばれたらどうしてたんですか！

隈　隈流フレーバー、入れてるから。

大宮　何ですか、フレーバーって。

隈　建物に入るとなんとなくなじむっていう味わいね、ある種の渋さ。

大宮　渋さ……。

隈　壁面は大胆にバーンと垂直だけれど、影が入ってくるとなんかこう見え方が変わってくるという。

大宮　太陽の動きと共にニュアンスが変わるんですね。

原点は生まれ育ったボロ屋「勝つ建築」への疑念抱いた

大宮　いつ建築家に、って思ったんですか。

隈　小学4年生のとき。東京オリンピックで丹下健三先生が設計した国立代々木競技場の第一体育館に憧れて。すげーな、カッコいいなって。

大宮　えー。小4で建築家になりたいって、ませてますよね。

隈　いや、あの時代はオリンピックが来て新幹線も首都高速道路もできたから憧れるやつ結構いたよ。丹下先生とか黒川紀章さんとかがブイブイした「勝つ建築」をつくってた。僕のアイドルだった。でも、そのあと公害問題とかにぶつかったり、アジアに無駄な建築がバンバンできたりとか、そういうのがダメで。もうああいう建築は作るべきじゃないなっていうふうに思ったけど、じゃあどういう建築を作るのかっていうのは中学生なんかには発想がないわけ。でも建築家にはなりたかった。

大宮　中学生のときの話ですか。

隈　うん。

大宮　すごい早熟。

隈　早熟なんです。それでデリケートなの(笑)。

大宮　中学生で失恋。レジェンドと思った人はもうアイドルじゃない。

隈　そう。そのあともね、大阪万博があって、高1のときに大阪へ行ったの。黒川さんの本を読むと面白いわけ。アジアのごちゃごちゃした街並みとかのことが書いてあって。これからは生物的ななめらかさが必要だとか書いてて。その言葉に期待して黒川さんが作ったパビリオンに行ったら、すごいメカメカしいお化けみたいなやつで、全然アジアの雑踏とか何もないじゃないって。黒川さんがアイドルだったのに失恋したんですよ。それで、もう何か全然分かんなくなっちゃうわけ。高度成長的なものに対する疑念がわいて、すごくひねくれていった。

大宮　一番の疑念はなんだったんですか。待てよ、って思ったのは。

隈　コンクリートで、グワーンって大きなものを建てるのが、何か恥ずかしいものに見えてきて。

大宮　でもみんないいと思って、突き進んでいた時代でしょ。そのときに立ち止まったわけですよね。これ、いいの？って。あったかさがないってことなんですよね。

隈　それはたぶんね……。そうだ、自分の住んでたうちが木造で戦前に建てられたんですよ。でも、そんなにこう、数寄屋造りなんてしゃれたもんじゃないんだよ。本当に戦前の、普通の、木造の平屋の家。土の壁なんで、ボロボロ崩れてくるわけ。だから、畳の上にいつも土の粉があるっていうぐらいの、ある種、ボロ屋に住んでたから。僕、おやじが45のときの子どもだからさ、もうそのころ定年迎えてて、うち全体がボロっぽかった（笑）。

大宮　全体って（笑）。

隈　それがあったから、たぶんそうひねくれたんだと思う。最初はさ、自分ちなんて嫌で嫌でしょうがないわけ。なんで俺のおやじ、こんな年取って、こんなに家ボロいの？って。小学生のときなんかね。それがね、だんだんね、こっちのほうがいいじゃんって思えたんですよ、そういう発見があってね。その当時流行ってたコンクリートのピカピカな感じが、何かね、成り金的で、恥ずかしい象徴に見えたんだよね。

大宮　面白いですね。自分の置かれた環境で憧れたものがやっぱり違って、結局自分の環境、家の原体験に戻ってくるわけですね。

隈　そうそう、まさに。だから自分の環境の再発見というか、俺の原点かもしれない。

東大でアフリカの集落を研究 寂しくない建築に目覚めた

大宮　なぜ東大に？

隈　建築をやりたくて。東大の建築は丹下（健三）さんが先生をしてて、磯崎新さんを出してるし、黒川（紀章）さんも大学は京都（大学）だけど、大学院は東大に来てて。

大宮　入学して2年間は一般教養じゃないですか。建築の勉強をしたいのに、大丈夫でした？

隈　（3年次からの進学先を決める）進学振り分けがあるじゃん。建築学科はね、非常に点数が高かったの。

大宮　人気ですものね。

隈　1970年の大阪万博の余波があって。僕は73年入学で、平均得点が今までで一番高かったの。高い点数を取らないといけないから、真剣におびえてた。

隈　大学1年のとき、一生で一番勉強してた。ちゃんと授業にも出てさ。それでなんとか建築学科に行けた。

大宮　よかった！　それで？

隈　世界の辺境の集落を研究する、原広司先生の研究室に入ったの。

大宮　また変わったところに。

隈　原先生はインドに行ったりしてたんだけど、アフリカには行ってなかったわけ。「先生、アフリカ行きましょうよ」って、調査に行くことに。

大宮　ほう！

隈　それで、アフリカで、サハラ砂漠を、アルジェリアから入って、ガーッと縦断して、最後コートジボワールで抜けていくんだけど、楽しかった。夢みたいで。

大宮　調査はどうだったんです？

隈　やっぱりね、アフリカの集落って、めちゃめちゃ寂しくないわけ。

大宮　というと？

隈　小屋がいくつも集まってるわけ。基本的に大家族で、奥さんの数だけ小屋があるみたいな。それぞれの小屋の前にかまどがあって、真ん中に広場がある。夕方になると、みんなかまどで料理して。その光景がピースフルな感じで楽しそうなわけよ。

大宮　わあ、長屋的な！

隈　そう。モダンのメカっぽさを追求してた丹下さん、黒川さんも嫌だし、かといって、日本の古い、日本の集落はいいとか言ってるジジ臭いのも嫌だったし、もう何していいか分からなくなってたんだけど、アフリカ行ったら、そのどっちでもない、集落なのにジジ臭くないのがあったから、これは面白いと思った。

大宮　日本の集落とアフリカの集落、どう違うんですか。

隈　距離感が、声が聞こえて近い。で、一個の単位がちっちゃい。

大宮　ああ！　それ、隈さんが今作られているものに共通してますね。

隈　そうそう。単位がちいちゃいの。

大宮　一つの空間にいても、なんとなく、なんか大きな長屋という感じ。

隈　そうです、そうです。

大宮　これからはどんなことを？

隈　地方が自分にとっての居場所だなと思って。で、サテライトの事務所を地方にいくつか作って、うろうろと歩き回っていたいなと。

大宮　今、東大の先生もされてる？

隈　特別教授をしてます。

大宮　どうですか、東大生。

隈　僕が「ブイブイしちゃ駄目だぞ」っていうのを教育してるから、建築以外でベンチャーみたいな変わったことをやるやつが出てますね。建築学科なのに、「ＷＯＴＡ」っていって、排水を浄化して飲料水にするとか。

大宮　何が大事だと教えてますか。

隈　みんな、建築家って神様的だと誤解してるわけよ。建築家って、相手の気持ちになって寄り添わないと。ブイブイしてるやつなんか仕事させてくれないよって教えてます。

大宮　（笑）。

無観客でも寂しくない観客席
「偶然だけどうまくいった」

大宮　東京オリンピック、あれはぶっちゃけ、どんなだったんですか。

隈　ザハ・ハディドさんはね、すごい形を作る天才的な人。あのとき日本のマスコミは、彼女の建物は建てられない「未完の女王」と言ったけど、あれは完全に間違った情報です。2000年ぐらいから時代が彼女に追い付いていた。お金はかかるけど造れるようになったからね。でも国立競技場の設計が急遽再コンペになり、まさか自分がやるとは思ってなかったけど、誘われたので参加したの。時間がなさ過ぎて驚いたんだけど、「環境」というテーマがあったから、集中力で嵐のような勢いで。でも案はわりと簡単に決まった。

大宮　なぜですか。

隈　時間がなかったから（笑）。迷ったら絶対に締め切りに間に合わないから、自分の持ってる今までの技を出し切ろうと思って、迷わずに絵がすいすい描けた。

大宮　コンペはどうだったんです？

隈　環境をテーマにするなら、もう杜のスタジアムしかないだろうと。最後残った相手のテーマもそうだった。でも材料や形はちょっと違う。僕は細い木でひさし、はりを作る。もう一つのチームは太くてどーんとね、最近のヨーロッパ流の木造建築。

大宮　相手は勝つ建築だった。またしても負ける建築が勝ったんですね。でもまさかあの時点で、コロナが来ると思わなかったんじゃないですか。

隈　そんなの全然思うわけないじゃない。2

015年だもの。

大宮　ですよね。コロナ禍になって自分の造った建築物に、観客を入れる入れないみたいな報道を、どう思われてたんですか。

隈　オリンピックをやってほしいなっていうのはあった。だけど、ある種の偶然で、人がいっぱいに見えるような観客席だった。映像に映ったのを見て、ああ、偶然だけどうまくいったなと。

大宮　鳥肌立ちました。満席に見えて。

隈　あれね、寂しくないようにしたいって思って。ロンドンのスタジアムを見に行ったら、オリンピック後はイベントをしてもポチポチしか人が入ってなかったりしてさ。祭りの後みたいな感じでめちゃ寂しい。少子高齢化の時代、オリンピックの後はチョボチョボのイベントが多いわけだから、それでも、なんか幸せな気持ちになってもらえるかなと思ってモザイクの案を出したの。「寂しくない」っていうのは、僕のテーマなので。寂しい建築は嫌いで。

大宮　寂しい建築って？

隈　真っ白な、大きなのがボーンとあるようなの。寂しいじゃない。

大宮　そうですね。威圧感あって、巨大なものがぽつんは寂しいですね。

隈　ごちょごちょと、家具や緑などノイズがいっぱいあると、それなりに楽しいよ。気楽でいられる。

大宮　水槽も水草いれて隠れ家つくってあげると魚が落ち着きますね。

隈　そうそう。でも、露骨にノイズノイズしてるとさ、新しい建築造ったのに、もうごみだらけじゃんみたいに言われるから、バランスですよ。

大宮　なるほど。結局無観客でしたけど、引き絵になるとワーッて声が聞こえるような気がしたんですよね。

隈　それね、工事中に現場に行ったときも、よく、「あれ、今日何かやってんの？」と思った。自分でも分かってるはずなのに。

大宮　（笑）。

隈　選んだ色がね、単にモザイク状にいっぱい色を選んだっていうのじゃなくて自然に光と影になってくれる、落ち葉が散った野原みたいな色を選んだ、それがよかったねぇ。

隈さんの「負ける建築」は寄り添う気持ちでいつも勝つ

隈さんを誤解していたのである。

至る所に隈さんの建築がある。決して建築に詳しい方ではない私でも知っている建造物最多の建築家。隈さんは、東京オリンピックのスタジアムもそうだけれど、とにかくコンペに勝つ。ここも隈さん、あそこも隈さんか、と感じることが多かった。

それは同じように他方からも耳にした。とにかく、隈さんが多すぎる（笑）、と言ってもいいかもしれない。だから、隈さんってよく存じ上げないけれど、もしかして節操ないのかな？（失礼）とも思っていたけれど、お会いしてお話ししたら全然違った。たぶん、自分をよく見せようってことをしないのだと思う。それは対談の原稿の際に思った。

少年時代の隈さんのアイドルだった黒川紀章さんの作品が、のちにだんだん好きではなくなっていく話のくだりだけれど、そもそも憧れのアイドルだった経緯や好きじゃなくなる理由もあってこその〝黒川さん好きじゃない〟が納得なのだけれど、当初の対談原稿ではそこが割愛されていたのに隈さんはOKを出していた。私はそういうのが気になってしまうタイプである。補足した方がよくない？と思ったのは私だけだった。

え？　本人は気にしてないの？　隈さんは、もしかして、自分がどう思われようと気にしない人なのかなと思った。自分の見せ方みたいなものはどうでもいいという潔さを感じた。ただやりたいことをやる。下手な小細工などいらないのだ。白紙になったオリンピックスタジアムのザハ案を、「あれは技術的に建築できた」と隈さんは言い、「未完の建築家と揶揄したのはマスコミの罪」とも言った。なんだか悔しそうだった。隈さんも観たかったのかなと思った。そしてその後、まさか自分がやるとは思わず参加したというお気楽さ。そう、隈さんは軽やかなのだ。全国飛び回っているけれど、心もスキップしてルンルンと軽やかなのだ。

だから、どの仕事にも、俺がやってやる！とかいう野心を感じない。依頼人の話を聞いて、その場所の意味を真摯に考える。そこに、自然で必然で楽しいアイデアが生まれる。違和感を出してやろうという作意や、「どや、俺の作品だぞ、俺を見ろ」という自己顕示欲がないんだと思う。ただ、そこに集う人が楽しくなって、なんだか居心地よくて、適度に、ああ、隈さん、気が利いてるな、繊細な心遣いだな、センスいいなと思わせて、だからといって嫌みじゃない。みんないつしか建築を忘れて居心地良い時を過ごす。そんな、エアー建築が隈さんなのかなと感じた。

アフリカの集落を訪れたことに影響を受け、みんながいっしょにいて楽しい感じ。声が聞こえる感じ。そして自らの生い立ちの貧しきされど心豊かな少年時代の実家の思い出。何より大事にする、寂しくない感じ。寂しいのが嫌い、楽しいのがいい。それに尽きるのだなと思った。だからこそ、隈さんが憂うる未来の少子化日本。未来を寂しくしないために、あの、コロナ無観客を見越したかのようなデザインになったとは、思いやりの勝利である。負ける建築は、思いやりと寄り添う気持ちで、いつも勝つ。隈さんの建築が、またここもか、となっているのは、みんなが、未来に不安を感じているから、楽しくなりたくて、安心したくて、隈さんに託しているのかなと思った。ひとりにしないよ、という栖《すみか》を作ってほしくて。

そんな隈さんが建築以外にしたいことって何だろう。対談が終わったのにまた対談したいのは初めてだ。

2023年1月30日号〜2月27日号掲載

大学1年夏に
バングラデシュへ
ユーグレナ開発の原点

出雲充さん

いずも・みつる／1980年、広島県出身。2002年に東京大学農学部卒業、東京三菱銀行（現三菱UFJ銀行）入行。05年、ユーグレナを立ち上げ、代表取締役社長に。同年、世界初の微細藻類ユーグレナの食用屋外大量培養に成功。著書に『僕はミドリムシで世界を救うことに決めた。』など

植物と動物をいいとこ取り
「スーパー微生物ちゃん」

大宮　本日1月17日がお誕生日だと伺いました。おめでとうございます。ユーグレナカラーってことで、緑だけで花束を作りました。

出雲　ありがとうございます。すごいステキ。えー、うれしい！

大宮　あ、出雲さん、ネクタイも緑ですね。いつもそうなんですか？

出雲　これしか持っていないのです。

大宮　本当ですか。ユーグレナって和名でミ

ドリムシのことなんですよね。名前のインパクトがあって……。飲食店メニューなんかもあるって聞きました。

出雲　ユーグレナ入りラーメンなどですね。

大宮　まだユーグレナをよく知らなくて。クロレラとも違いますよね。

出雲　産業としてはクロレラの方が先にデビューしました。ユーグレナはクロレラの弟分みたいなもんなんですよ。

大宮　顕微鏡をのぞいたぐらいのイメージしかないです。

出雲　薬学部ですもんね。

大宮　もう全然覚えてないですけど。

出雲　これがユーグレナの動画です。

大宮　うわー、動いてるー!!

出雲　そうなんです。もうこれが全てです。ユーグレナは光合成する植物プランクトンです。

大宮　植物プランクトンって動くんでしたっけ？

出雲　動きません。植物ですから。ひまわりとか自分で動いたら、かなりびっくりじゃないですか。

大宮　そうですよね。じゃあ植物プランクトンで動くのってユーグレナだけなんですか。

出雲　そうです。

大宮　えー！

出雲　そうびっくりしてもらえると、一番うれしいです。ユーグレナは私の子どもみたいなものですから……。植物と動物のいいとこ取りをしたスーパー微生物ちゃんですね。

大宮　動くっていうのは、やっぱりいいことなんですか。

出雲　最高ですよね、動けるっていうのは。

植物にとってお日さまはすごく大切ですから。例えば、日当たりが悪くても、植物は動けないので、日当たりのいいところに行けない。でもユーグレナちゃんは、明るいところに移動して光合成ができる。究極の植物なんです。もう奇跡としか言いようがないですよね。

大宮　なるほど。それを体に摂取すると、人間的にはどういう効果があるんですか。

出雲　植物の栄養素のビタミンや食物繊維、動物の栄養素のタンパク質やDHA、そしてミネラルなど、人間に必要とされる59種類の栄養素をいっぺんにとれます。栄養問題を解決できる可能性があります。

大宮　すごい。完全栄養食ですね。

出雲　あと、昼の仕事などのストレスを和らげ、夜の睡眠の質を上げるサポートをします。

大宮　なるほど。じゃあ副交感神経を優位にしてくれるんですかね。すごいものが出てきたなとは思ってましたが、そんなことが。でも、ユーグレナってすごいちっちゃいじゃないですか。

出雲　はい、0・05〜0・1ミリです。

大宮　何個ぐらい食べれば……？

出雲　1日10億個がお勧めですね。

大宮　ひえー、そうなんですか。

出雲　当社のドリンク（スムージー）1本の中に10億個配合されています。

大宮　生きたユーグレナが入ってるんですか？

出雲　いえ、栄養素はそのままに乾燥させたユーグレナが入っています。

大宮　そりゃそうですね。すいません、もう、ばかみたいな質問。

出雲　いえ、何でも聞いてください。

最貧国の子どもたちのため栄養価の高い微生物を研究

大宮　ユーグレナ（ミドリムシ）を摂ると体にいいとわかりましたけど、出雲さん自身が病気だったから開発したわけじゃないんですよね。

出雲　はい。

大宮　何がきっかけだったんですか。

出雲　バングラデシュですね。生まれて初めて海外に行ったのが、バングラデシュだったんです。

大宮　へえ。なんでそこを選んだんですか。

出雲　私の父親はシステムエンジニアの会社員で、母親は専業主婦。私は多摩ニュータウンで育ちました。

大宮　たまに歌う？

出雲　ああ、ごめんなさい。「多摩ニュータウン」です。

大宮　すみません(笑)。私、耳が遠くて、時々おかしな聞き間違いを。

出雲　いやもう、最高です（笑）。私は当時の日本でごく平凡な家庭で育ったんです。

大宮　そうなんですか。

出雲　それで、（駒場東邦）中高時代、友達から家族でハワイに行ったとか、ニューヨークで年越ししたとかの話を聞いて、私も海外へ行きたいなと思ったんです。でも、うちは親がパスポートをそもそも持ってなくて。

大宮　ほー。

出雲　それで、大学に入ったら1年生の夏休みに、生まれて初めて海外に行こうと思ったんです。でも、いまさらみんなと同じところへ行くのは嫌で、ちょっとエキセントリックなところに行ってみたいなと。それで、バングラデシュを選んだんです。

大宮　どんな旅になったんですか。

出雲　当時のバングラデシュは、人口が1億2千万人のうち6千万人弱が農家さんなんですけど、1日のお給料の平均が100円なんです。年収が4万円に届かない農家さんがたくさん暮らしていた国なんですよ。

大宮　なるほど。

出雲　世界最貧国とも言われていましたし、私はみんな食べるものがなくて困っているだろうなと思って、自分のスーツケースに山ほど栄養食品を入れて行ったんですよ。で、1カ月いたんですけど、全部持って帰ることになりました。

大宮　あら。なんでですか。

出雲　バングラデシュはインドの隣の国ですから、朝昼晩カレーを食べるんですけど、その量が多いんです。

大宮　なるほどね。

出雲　今、エリーさんって、1年間にどれぐらいお米食べます?

大宮　はかったことがないんですけど。わりとパンよりも米派です。

出雲　たぶんエリーさんは、1年間に50キロのお米を食べていらっしゃるんですけど、バングラデシュの人は1年間に180キロ以上。

大宮　そんな食べるんですか!

出雲　私たちの3倍以上食べてるんですね。だから満腹なんです。でも、カレーに具が入ってないんですよ。

大宮　あららら。

出雲　ニンジンもタマネギも、お肉もお魚も、入っていません。電気が通ってないので冷蔵庫が普及していなかったんです。

大宮　えー。

出雲　みんなね、「これ以上食べられないよ」「僕たち毎日満腹だ」って言ってるけど、栄養失調だった。それで、私は農学部で栄養の勉強をして、栄養満点のものをバングラデシュの子どもたちに食べさせてあげたいっていうのが出発点ですね。

大宮　へえ。でも、いきなり微生物っていうのはどうしてですか。

出雲　とにかく一番栄養価が高いものを大学で勉強して、バングラデシュに持っていこうと。

大宮　それでユーグレナに行きついたんですね。

夜行バスで研究者を訪ね歩き失敗に学んで培養に成功

大宮　東大時代、部活とかは？

出雲　部活はほとんどやってないです。勉強もしてないですね。

大宮　じゃあ、何してたんですか。

出雲　バングラデシュから帰ってきてからは、どういう栄養素があるのかなって調べてました。

大宮　えー、ちゃんと研究されてたんですね。出雲さんが大学生の頃だと20年前ぐらいですよね。その頃ユーグレナ（ミドリムシ）は注目されてたんですか。

出雲　農芸化学界隈ではユーグレナが持つ豊富な栄養素は有名で、スーパーヒーローの素質があることは知られていました。

大宮　へー！

出雲　ただ、社会実装する際に不可欠な大量培養の技術が世界中のどこでも確立されていなくて、ユーグレナの大量培養は夢物語になっていたんです。

大宮　卒業後は1回企業に就職されてますよね？

出雲　銀行に入りました。ユーグレナをデビューさせたいけど、そのためにまずはお金について知りたくて。

大宮　そうだったんですね。

出雲　銀行で経験を積んで、35歳ぐらいに起業できたらなと思って、日中は銀行、夜と休日はユーグレナの研究に没頭していたのですが、このままでは起業は先延ばしになってしまうと、ちょうど1年で辞めました。

大宮　全てはユーグレナのために。

出雲　当時、ユーグレナの研究は日本中でやってたんです。学会はあるんですけど、学会はうまくいった研究結果を共有する場で、失敗した話は共有できていないんですよ。

大宮　たしかに。

出雲　で、私は若かったし、時間もあったので、夜行バスで日本中の先生のところに行って、なぜ世界中の誰もユーグレナを培養できないんですかって聞いて回ったんですよ。それで、ほとんどの方が、同じところで、同じ失敗をしていたことがわかったんですよ。

大宮　同じ失敗とは？

出雲　ユーグレナは栄養満点ですから、ばい菌も雑菌も虫も鳥も食べてしまう。それで天敵が入らないよう無菌状態にして培養しようとするけど難しい。

大宮　なるほど。雑菌がどうしても入ってしまう失敗ですね。無菌状態で培養は大量には不可能ですもんね。

出雲　はい。だったら、無菌状態にするんじゃなくて、ユーグレナを育てる培養液を変えてみようと。

大宮　培地を変えるんだ?!

出雲　ユーグレナにとっては居心地がいいけど、その他の生物が嫌がる培養液にしたら、ユーグレナが食べられないんじゃないかと。

大宮　そんな夢みたいな培地を見つけたんですね！　それはどんな？

出雲　ユーグレナは酸性に比較的強いんです。太古の酸素の少ない環境でも生きてきた生物ですから。

大宮　そこに着目したんですね。で、いまバイオ燃料も作っているそうな。

出雲　はい。先日、政府専用機にも当社のバイオ燃料「サステオ」を給油いただきました。

大宮　へえ、すごい。

出雲　エネルギー資源の少ない日本でカーボンニュートラルの実現に貢献でき得るバイオ燃料をバンバン使えるようになったらいいですよね。栄養失調の問題も地球温暖化の問題も、ユーグレナで解決できそうって状態を見てからじゃないと死ねないです。

大宮　出雲さんの原点であり今も支援されてるバングラデシュに出雲さんの銅像ができるんじゃないですか。

出雲　銅像を建てるんだったら、ユーグレナですよ。

大宮　プランクトンの銅像は、すごい（笑）。

研究者と経営者の両性を持つ出雲さんこそ「ユーグレナ」

ユーグレナのことは一ツ星レストランのシェフから聞いて知っていた。コラボで、ユーグレナたっぷりのお弁当をプロデュースしたから食べてと言われていただいた。おいしかった。スタッフにも、と購入したりした。それで知ったのだった、ユーグレナという名前を。ん、ユーグレナってなんだ？　以来、気になっていた。なんとなく新しい未来な感じ。

それで対談に出雲充さんにご登場いただいた。緑のネクタイでいままでの経緯やこれからの展望を流暢に話される。実に話が上手。

研究者でありながら、起業家。会社がまたびっくり。健康食品のそれじゃない。おしゃれな内装、そして意欲がありそうなたくさんの仲間（ユーグレナ社では社員のことを「仲間」と呼ぶそう）。

出雲さんは人を束ね、人を動かすことができる。それでいて研究者。つまり、何が言いたいかと言うと、出雲さんこそ、ユーグレナなのだ。ユーグレナ、和名ミドリムシは、小学校で習ったと思うが、植物性と動物性の両性をもつスーパー微生物。

研究者って、人間的にそんなに人とうまくやれるひとが少なかったり、投資家の方と渡り合って響きあったりという人も少ないはず。私も東大では理系で研究室に（少しだけれど）身を置いてなんとなくの雰囲気は知っているつもりだ。ひとつの研究を商品化にこぎつけるのは並大抵のことではない。努力のほかに、運やら人柄やら人脈やら行動力、いろいろなものが必要だなと感じた。出雲さんは、それらが全部あったんだろう。

どうしてこんな体にいいスーパーフードならぬスーパー微生物を総合栄養食に活かさないの？　活かしたらもっと世界が良くなるよ！　これすごいことになるよ！と本気で思って行動されて、いまもまだその熱意が燃えたぎっている。熱意の他に、強い信念と自分を信じる力を維持するのも才能と力のいることだ。大学時代にバングラデシュに行ったことで、栄養失調に苦しむ人々を、子どもたちを救いたいと思ったとおっしゃっていてその熱量とモチベーションが20年以上たって衰えていない。いや、むしろ拍車がかかっている。貧困を救うだけではなく、政府専用機のバイオ燃料にも採用されるんだから。

ユーグレナは太古の時代からいたわけで、光合成もするからこの地球を酸素多き星にしてくれた。それ自体すごいんだけれど、手がけたことよりも、実は出雲さんという人間の熱量の高さ、バイタリティーの高さに、圧倒された。

私は、流されるタイプで、これをやろう！と自分で見つけて自発的にやるタイプではない。人からやったら？　やってよ、とむちゃ振りされて生きてきた。だから出雲さんの熱量の動力源が知りたい。どうすればあんな自家発電できるのか。あんなふうにはなれないから、せめてユーグレナを飲むしかないのか。

微生物とバイオ燃料だなんて、ロマンがある。そして微生物が食料危機や、気候変動問題を解決するならば、微生物が平和をもたらすのだろう。微生物と平和。人間は愚かで奪い合うから、そして自分さえ良ければいいと思うあさましい存在だから。

いま地球上で起こっている深刻な問題を自分たちで解決できず、太古からの先住民である微生物にお世話になるとは。みなの地球を我がもの顔で破壊しているというのに。本当に人間は、どうしようもない。でもそれを踏まえての出雲さんの挑戦なんだと思った。

2023年3月6日号～3月27日号掲載

駒場寮の委員長で
学生運動も
機動隊とも対峙した

泉房穂さん

いずみ・ふさほ／1963年、兵庫県明石市出身。兵庫県立明石西高校卒。87年、東京大学教育学部卒。NHKディレクター、石井紘基氏の秘書などを経て、弁護士に。2003年、衆院議員初当選。社会福祉士の資格取得。11年から明石市長。23年4月末で政治家引退

好きな言葉は「四面楚歌」
細胞が働きエネルギーが湧く

泉　よろしくどうぞ。え、きょうって、どういう経緯？　なんで私？

大宮　泉さんの前で言いづらいんですけど、私、実は政治家が嫌いで。

泉　それ、健全ですわ。健全、健全。

大宮　でも泉さんは政治家って感じじゃないなと。

泉　芸人枠ですから（笑）。

大宮　（笑）。泉さんに会いたくて私がお願い

したんです。これも言いづらいのですが、暴言で存在を知りまして。知れば知るほど、めっちゃいいひとやん！と（笑）。

泉　ああ、ありがとうございます。

大宮　泉さんみたいに大事なことをやる人っていないじゃないですか。

泉　いないね。でも、子育て支援は広がってきてるねぇ。東京都も18歳以下に月5千円配るし、福岡市も第2子以降の保育料を無料にするし、続々とひっくり返ってる。明石市周辺なんて、この1、2年で、ほとんどひっくり返ったもん、高校3年生までの子どもの医療費無料化だって、「そんなもんせえへん」だったのが、みんなしてる。

大宮　あ、東京もやってます？

泉　打ち出しました。一気に方針転換をしている最中。歴史の過渡期やね、オーバーに言うと。だから私、全国市長会行ったら、怒られて。

大宮　なんでですか。

泉　ツイッターやめてくれって。「どこでもできる」って言うなって。

大宮　うふふ。

泉　ツイッター始めて1年ちょっとだけど、今、順番にオセロをひっくり返している最中。まあクサい言い方やけど、優しい社会は明石から始めるって言ってきたけど、始められたので、次は広げるだから、どう横展開するのと、国にやらせるかっていう感じかな。

大宮　国まで広がりますかね。

泉　一応、それは自分としての、役割と思ってるから。

大宮　泉さんみたいに、議会とガーッて戦うと、大変ですよね。

泉　物事を方針転換するってことは、誰かがいっときしかめ面しないことには転換できない。全員がそれでいいよと一瞬で言うことなんて方針転換でないわけだから。恨まれようが嫌われようが、やるべきことをやるっていうのが政治家やと思ってんで。だから私は子どものころから人に嫌われたくないなんか思ったことない。

大宮　泉さんはなんでそんな強いんですか。嫌われてもええねんって。

泉　うちのおやじは漁師やけど、朝2時から漁に出とるのに、どうして晩ごはんにおかずが何もないねん、なんで貧乏なんやって思ってた。四つ下の弟は障害があって、こんなにええヤツなのに、なんでみんな冷たい目で見んねんって。でも友達が悪いわけでも先生が悪いわけでもなくて、何かが間違ってるんだろうと。

大宮　はい。

泉　その間違ってる何かを知りたいと思ったし、その何かを変えないと、自分としては得心いかなかったので、まあクサい言い方だけど、「冷たいまちを優しくしたい」と10歳くらいで心に誓ってから、ブレてないかな。

大宮　へこむことないんですか。

泉　落ち込むことはないわけじゃないけど、切り替えが早いのと、好きな言葉があって……。

大宮　なんですか。

泉　四面楚歌。

大宮　ええええっ。もう、変態じゃないですか！

泉　四面囲まれたら、空飛んだろうとか、地面潜って逃げたろと思うんですよ。「絶体絶命」も大好き。絶体絶命になるとグワーッと細胞が働いて、エネルギーが湧いてきて、状況を打開するぞと思うんですよね。

東大が日本を悪くしている大学院だけにしたらええ

大宮　泉さんはどうして東大に？

泉　私、田舎もんだから、東大って憧れの象徴やったわけ。で、入ってみたらほんま頭悪いしセコい連中ばっかりで。ろくでもないで、ほんま。

大宮　（笑）。

泉　おやじは小卒、おかんも中卒で、親戚中で大学行ったのは私が初めて。自分が勉強して賢くなって強くなって、世の中を良くしようとほんまに思ってたんですよ。きっと東大に行ったら、賢い人がおるだろうとか、同じ志の仲間が見つかるだろうと思って。うちは金もなくて、塾行っとらんし、過去問も買えなかったけど。

大宮　私も東大って、官僚になる方も多いので、日本のために！みたいな方が多くいるのかなぁと思っていました。まあ、私は世代もちがうし、理系ですけれど。それで入ってみたらどうでした？

泉　入ってみたら（親の年収が）1千万、2千万円選手のお嬢さんとお坊ちゃんたちばかり。いわゆるエリート人生をこれからも、って感じのヤツがほとんどだった。

大宮　そうなんですか。苦学生も多いのかなと思ってましたが……。

泉　私は駒場寮に入って。大学に入った瞬間から、二つの世界があると思いましたね。ザ・

東大の部分と、私が属した駒場寮は全然別世界だった。あるとき寮の6人で飲みに行って誰かが母子家庭の話をしだしたら「俺も、俺も」って言うて。自分だけ両親そろってるのに貧乏やった。

大宮　なるほどねぇ。

泉　駒場寮には、家庭の年収が三、四百万円じゃないと入れないから。なので駒場寮には、ハングリー精神の強いヤツが多くてね。私はそのコンチクショウ根性の塊のような駒場寮で学生運動の中心にいました。

大宮　その頃から今の片鱗が！

泉　はっきり言うと、やっぱり東大が日本を悪くしている。たかだか一大学にすぎない東大の卒業生が、官僚、政治家、マスコミあたりを回してて。自己責任論者が多くて、「自分たちが頑張ったから」と思ってるけど、それはウソ。環境に恵まれてる部分が大きいのに、想像力が欠如している。実社会との乖離が激しい。

大宮　どうしたらいいんでしょうね。

泉　東大はなくして、大学院だけにしたらええと思う。私の分析では、東大は「過去問主義」やわ。前例主義。過去問をいっぱい解くし、記憶力や作業効率はいい。でも目の前で起こっていることに、脳みそ動かすことをやっていない。それは賢いと呼ばなくて、単に要領がいいって話。

大宮　なるほど。

泉　コロナのときに思ったけど、コロナ対応には過去問がないから、動けなくなって、国は指示できなかった。しかも、変にプライドが高いから、市民に聞けないわけですよ。それが政治なんだから、庶民の求めていることを聞きゃあいいのに。でもね、大嫌いと言いながらも、実は東大とは今も結構つながってて。

大宮　そうなんですか！

泉　早稲田、慶應に比べて、東大生は仲間意識が弱くて、同窓会活動がほとんどないんですね。それで、「赤門市長会」という東大出身の市長の会を私が立ち上げて事務局長に。そしたら面白いよ。みんな、市長選のときに「東大卒」とは言われへんわけ。早稲田と慶應は言えるけど、東大卒って言うと票減るから。

大宮　票減るんですか！

泉　ところが、同窓会の会合の最後に東大の応援歌「ただ一つ」を歌ったら、この場だけは東大って隠さなくていいんやって感じで、全員が大声で歌ってた（笑）。

東大時代に授業をストライキ要求通らず退学届を出した

泉　東大で学生運動のリーダーだったんですよ。

大宮　えー！

泉　駒場寮の委員長で、学生運動のリーダーで、東大最後のストライキ実行委員長。機動隊とも対峙してました。

大宮　そうだったんですか。

泉　きょう資料持ってきたけど。これは当時の東京大学新聞。「駒場寮委員長選　泉くんが当選　大差つける」って記事になってる。いま見たら恥ずかしいぐらいやけど。18歳の頃から街頭演説やってた。

大宮　わ、貴重な資料！

泉　寮委員長に大学1年生で立候補して、大差でひっくり返して当選した。昔から選挙、むちゃくちゃ強いねん。

大宮　変わってないですね。

泉　それで、駒場寮の寮費値上げに反旗を翻したんですけど、実は一番の慎重派は私やったんです。国の政策に盾ついたって勝たれへんやないかと。負け戦するんやったら、条件闘争をして、廃寮をもうちょっと延ばすとか、何とか手打ちをしたかったんですよ。

大宮　はい。

泉　ところが、当時みんな血気盛んやから、「リーダーのくせして根性なし」とか言われて。で、私も「おまえら、そんなこと言うんやったら、ストライキぐらいするけどやな、責任取れるのか」言うたら、「取るに決まっとるやないか」言うて。それで、私も「分かった。みんなが言うんやったら、みんなの意見に従うから、突っ込むぞ」言うて、授業をボイコットしてストライキをやったんですよ。でも、負けていくわけですよ。私は、約束どおり、退学届を出した。

大宮　え！

泉　でも誰も続けへん。退学届を出したのはたった一人。20歳のときですわ。実家戻って、塾開こうと思ってた。そしたら、退学届を受け取った学部長から「戻ってこい」いう電話があった。でも学部長はストライキの相手でもあった。

大宮　ドラマチック……。

泉　先生から「それは泉くん、君がしたいことか」って言われて。いや、「したいもくそも、もう退学した以上は、それで生きていきます」って言ったら、「泉くん、みっともなくてもええから帰ってきなさい」と。

大宮　いやー、泣けますね。

泉　「君にはまだやる仕事があるんだ」「君の退学届は受理してない」と言われて、戻ったんです。

大宮　学部長は泉さんの活動を認めてたんですか。

泉　立場は大学側だったけど、その人は、心ある人やったんですよ。

大宮　なるほど、なるほど。

泉　学生運動だけじゃなくて、自分は企画屋さんやったね。駒場祭に合わせて、寮祭をゼロから立ち上げたり。合コンがまだはしりの時代に、100対100合コンを企画したり。週刊朝日がグラビアを撮りに来て、「ばかの東大生」って書きましたね。加藤登紀子さんの母校での初のコンサートも企画して、加藤さんを口説きに行きました。

大宮　この対談で加藤さんが東大でのコンサートについて話されていました。誰かが呼んでくれたのよって。

泉　駒場寮で「ひとり寝の子守唄」をギターで弾いてもらって。もう、染みる声で、涙出たね。あとは、マージャン好きな教授を集めて、学生と教授で72時間マラソンマージャン大会とか。テレビ番組が取材してくれたんだけど、親は「大学行って何やっとるねん」と怒り心頭でした。

大宮　（笑）。

貧乏人も金持ちも等しく1票 選挙で社会は変えられる

大宮　2022年、街頭インタビューで市民の方が「辞めないで」と泣かれていたのを見てじーんとしました。でも、4月末でお辞めになるんですね。

泉　2019年に暴言で辞職したときは、まだ道半ば感があったし、もし戻らなければ揺り戻しが起きる空気もあった。それに、多くの市民から署名もいただいて、心動いたわけですよ。

大宮　はい。

泉　でも妻は一貫して反対で。最後は家族会議で決めました。出馬表明の前日、晩飯の後に家族会議したんですよ。妻と娘と息子と私の4人で。

大宮　家族会議！　すごくいいですね。

泉　そこで、投票して決めるって。

大宮　え？　家族で投票？

泉　おもむろに、私が「迷惑かけたけど、市民からも署名もいただいて、自分もまだやり残した気持ちがあるから、出たいです」って言うた。その瞬間にね、妻が、「私は反対です」って言うて。えーっ、みたいな。

大宮　(笑)。

泉　いきなり言うか?と思って。

大宮　奥さまからしたら心配や心労があったんでしょうね。

泉　そしたら、うちの息子、当時小5やってんけど、「出てほしい」と。こんな形でパパが終わるのは嫌やと。もう一回市長になって、ちゃんと見返してほしいと。

大宮　うわぁ、嬉しいですね。

泉　で、あとは娘。当時中学生やったんですけど、じーっと考えた結果、「私、白票」って。

大宮　なるほど。それもすごい。

泉　本音は嫌やけど、でもパパのために、寒いなか署名してる人たちを私、見てたからって。それで、賛成2、反対1、白票1。よって可決。

大宮　子どもも一人の人間として、リスペクトがあるじゃないですか。同じ1票があるっていうのが。

泉　子どもは親の持ちもんじゃなくて、子どもは子ども。これは自分の非常に強い思いですね。

大宮　でももう今回は……。

泉　自分の中では、やるべきことはほぼやったと思ってて。条例を次々作ってきた。いったん作った条例は簡単には変わらないから、私が市長でなくなっても大丈夫。もっと大きいのは、役所文化も完全に変えたし、市民の意識も変わったから。そういう意味では、クサい言い方だけど、もう私が市長でなくなっても大丈夫な明石にしたという自負かな。

大宮　なるほど。明石市でできるんだったら、日本全国でできるっていうことですよね。それをサポートされていくと。

泉　自治体レベルは動きが速いです。トップが決断すれば、方針転換は瞬間にできるから。例えば東京の品川区も区長が代わった瞬間に、子ども施策に舵を切った。その意味では国の方がトロいです。

大宮　なるほど。

泉　私は「選挙は美しい」と思っていて、すごい可能性を感じてる。だって、全員が等しく1票を持っているんですよ。どんな金持ちも1票、貧乏人も1票、有名人も1票。私は選挙戦では常にサイレントマジョリティーの中に入っていくんです。私たちの社会をつくろう、私たちのまちをつくりかえようと。選挙がある以上は世の中を変えることは可能だと思ってます。

大宮　国民がうまく選べますかね。

泉　いま社会が壊れ始めてて、国民の中にも、国に「ええ加減にせえよ」というのが生まれてる。だから一瞬で変わると、私は思ってるんで。私は諦めてはいないです。

大宮　確かにその着火点に、明石市がなってるかもしれないですね。

政治に絶望していた私に
泉さんが希望を見せてくれた

対談場所に来られた泉さんは、私のスタッフにも、いるひとみんなにも、同じように大きく元気な声で、「はい、まいど！」と名刺を渡された。そしてご本人は、「ごめんなさいね、私、マシンガントー

クだから、しゃべりすぎますから、言うてくださいね」と。なのに、好きな言葉は「四面楚歌」。

人が好きで、みんなが過ごしやすい社会を実現するためには人に嫌われても構わない、いや、人に嫌われるくらいじゃないと実現できないという感覚があるのだろう。でも泉さんにしんどそうな重さもなく、実に軽やかで小気味良かった。そう、軽やかさはツイッターで、どんどんつぶやいていることにも表れている。

やっぱり、兵庫・明石という場所で証明してくれたことはでかい。みんなが、心地いいなあ、未来が明るいなあと思える社会って政治家が頑張れば実現できるんだということを。

それって考えてみれば、そのために一票投じて税金もおさめて託しているわけだから、やってくれなきゃ困るんだけれど、国政であまりに自分たちの感覚と違うことが行われていて、何を言っても通じない絶望感が私にはあった。

だから、明石市で市民の民意をくみとり、考え、どんどん情報を開示して、利権や権威や慣習を取っ払いながら実現している泉さんに驚いたのだった。それって希望になる。

政治って、利権と保身とブラックボックス、と思っていたし今も思っているけれど、泉さんみたいな方がたくさん出てきたり、人を育てていってくれたらこの国も変わるのだろうか。その前に、私も、諦めて黙ってたらダメだよな、とも反省した。黙ってたらどんどんいいようにされてしまう。

この国は、思っていることを言えない国にもなっている。

原発に頼らずに、バイオエネルギーにシフトしていけないのか、と言えば、「わかってない」と言われる。そんなの無理だ、原発がなければ今の生活は成り立たない、と一蹴される。でも、望むということがどうしてすぐ否定されてしまうのか。そんな冷たい世の中に、いつからなったのか。たぶん、冷たいんじゃなくて、そういう意見が出ると困る人がいるからなんだと思う。

アイスランドに行った時、電力供給率は120%だと市長さんから聞いた。20%は輸出していると言う。地熱と水力でそうなっていて、地理的条件が日本と似ているから日本もできるはずだと言っていた。ちなみにアイスランドのその技術は日本企業の技術だそうだ。できるのだ。

なんで日本ができないのか。利権や何かでしないだけなんだと思わざるを得ない。神宮外苑だって、木を切ってどうするのか。それが本当に必要かどうかは議論されたのか。森を愛する市民、子どもたちをきちんと納得させたのか。この国は議論も、説明も、納得もなく、いろんなことが進んでいく。それにもう傷つきすぎて絶望し、まんまと声をあげなくなった私がいます。

泉さんだけにお願いしちゃいけないんだと思うけれど、今度は日本を、温かいものにお願いします。日本という国を、ほがらかで、風通しのいい国に戻してください。

泉さんにはできるはず。だって家族内でも投票制度が確立しているんだから。家族という土台から民主主義ができている。それから、泉さんは「四面楚歌」ということばが好きと言っていたので、泉さんの立場は私どもはもう心配しません！（笑）

2023年4月3日号〜5月1－8日号掲載

卒業設計では
宇宙ホテルを設計
アースビューの部屋も

山崎直子さん

やまざき・なおこ／1970年、千葉県出身。93年、東京大学工学部航空学科卒業。96年、同大学院工学系研究科航空宇宙工学専攻修士課程修了。宇宙開発事業団（現・JAXA）に入社。99年、宇宙飛行士候補者に選抜され、2010年、スペースシャトル・ディスカバリー号に搭乗

アニメにハマって宇宙に関心 将来はみんな行くと思ってた

大宮　2018年に宇宙にいる金井（宣茂）さんと詩をつくろう、というイベントをやったことがあります。たまたま私が星の本を書いたので声がかかって。JAXAの方って何回もシミュレーションされる。

山崎　そうそうそう（笑）。

大宮　子どもの役の人がいて、うまく言えないとき、どうサポートするかとか。3回もリハーサルして。なのに、当日、宇宙とつなが

らなかったんですよ。

山崎　ありがち、ありがち（笑）。

大宮　ありがちなんですね?!（笑）。「金井さーん」ってコールしたけど、シーン。「ちょっと声がちっちゃかったかな？」とか言ってごまかして。

山崎　うまい（笑）。

大宮　そのときの子どもの悲しい悲鳴が（笑）。3回コールしてだめだったときに、最後の手段で、油井（亀美也）さんと大西（卓哉）さんが宇宙飛行士の格好で出てきてくださり子どもたち大喜び。

山崎　そっかそっか、よかったです。

大宮　結局、スマホでつなぎました。

山崎　奥の手ですね（笑）。地上からは電話できないんですけど、ＩＳＳ（国際宇宙ステーション）からは好きな番号に電話できるんです。

大宮　なんと！　どうぞどうぞ、コーヒー飲んでくださいませ。開口一番いろいろしゃべってすいません。

山崎　いただきます。

大宮　山崎さんは子どもの頃から、宇宙飛行士になりたかったんですか。

山崎　子どものときはまだ日本人の宇宙飛行士、誰もいなかったんですよ。だから、それこそ「（宇宙戦艦）ヤマト」とか、「（銀河鉄道）999」の世界で、大人になったら、みんな宇宙に行くものだと思ってました。

大宮　大人になったらみんなって（笑）。面白い！　でも当時、アメリカとかロシアには宇宙飛行士はいませんでした？

山崎　いましたよ、ただ、よく分からなかった。私は1970年生まれなので、アポロ11

号が月面着陸した69年頃の記憶は、もう全然ないんですよね。で、しばらく止まってて、スペースシャトルが飛びだしたのが81年なんですよ。ちょうどその狭間で、子ども時代を過ごしたので、あんまり海外の宇宙飛行士も、よく分かんなかったんですよね。

大宮 じゃあ、やっぱりアニメで。

山崎 アニメなんですよ、私はもう本当に、恥ずかしいことっていうか。

大宮 いえいえ、すごいことです。だって、999でもメーテル好きって女の子はいたけど、それで宇宙とか星が好きになるんですから。

山崎 幼稚園から小学校2年生まで過ごしていた札幌の星がきれいだったんです。「星を見る会」に行って、天体望遠鏡で星を見せてもらったりして。それで宇宙そのものに興味を持ちました。でも正直、兄がいなかったら「ヤマト」を見てなかったですね。裏の「(アルプスの少女)ハイジ」を見たくて兄とチャンネル争いをやってたから(笑)。で、しぶしぶヤマトを一緒に見てたらすごいハマって。

大宮 子どもの頃の夢をかなえる人って、少数だと思うんです。私は山崎さんの5個下なんですけど、あんまり夢がなかった。夢があって、しかもかなえちゃうのがうらやましい。

山崎 小学生時代の夢は、学校の先生になりたいとか、近くにあったお習字の教室の先生になりたいとか、お花屋さんになりたいとか。東京ディズニーランドができた頃だったのでディズニーランドで働きたいとか。コロコロ変わってましたね。でも、学校の先生になりたいというのは、結構ずっと思っていました。

母の不在時には兄と分担し買い物や料理をしてました

大宮　ずっと学校の先生になりたかったのは、いい先生がいたとか？

山崎　小学校だと、理科を教えてくれた担任の先生。優しめの先生で、「私たちの体はね、星のかけらでできてるのよ」なんて、うれしそうに教えてくれてね。すてきだなーと。

大宮　窒素とか炭素ってこと？

山崎　そう。突き詰めていくとそうなんだ～って、子ども心にロマンを感じました。中学校では体育の先生。

大宮　体育は結構できたんですか。

山崎　体育、ダメだったんですよ。マラソン大会とかリレー大会とかで走るのは速かったんですけど、球技とかは全然。すごい苦手でしたね。

大宮　えー、意外。

山崎　中学生のときは、海外で働きたいなという思いもちょっとあったので、外交官とか通訳さんという夢もあったんです。でも、高校に行くと、帰国子女のお友達がいて、打ちのめされるわけです（笑）。ああ、すごい方たちがいるんだなと思って。

大宮　苦もなくペラペラとね。

山崎　そうそうそう。こっちは一生懸命、NHKラジオとか聞いて、「んー？」とか言ってるのに、「あ、これはかなわないな」と悟り、もともと好きだった宇宙の道を目指そうと。

大宮　宇宙飛行士に？

山崎　今だとキャリア教育もあるんでしょうけど、当時はよく分からなかったので、宇宙船を作れるエンジニアかなと思って、工学系に行きました。でも、チャンスがあったら、宇宙飛行士に応募したいなとは思っていました。

大宮　なんで東大に？　東大感がまるでなくて、なんか女子大感がある。

山崎　かもしれないです。高校はお茶高（お茶の水女子大学附属高校）だったんです。

大宮　だからか！

山崎　女子校、大好きでした。でも、宇宙を勉強する大学は限られていて。母親が心配性だったので、家から通えるところがいいかなあと。東大が一番近かったんです。東大は糸川英夫先生の時から、日本の宇宙開発を牽引してきているので。

大宮　ご両親は何を？

山崎　父が自衛官でした。

大宮　じゃああんまり家に帰ってこれない？

山崎　そんなときもありました。単身赴任してたときもありますし。でも、母も心配性といいつつ、父のところに結構行って。「(家事は）子どもたちで頑張ってねー」とか言われて、中学時代。えーって。

大宮　子どもより「パパのところに行ってくるー」って感じで？

山崎　約1カ月ごとに行き来してて。

大宮　その間子どもたちは？

山崎　一応祖母がいたんですけど、買い物とかお弁当づくりとか、兄と分担して。

大宮　自分でやってたんですか？

山崎　やってました。「今日はお兄ちゃんごはん作ってよ」「じゃあ、今日は私やるわ」みたいな。

大宮　何か「おしん」みたいですね。

山崎　そうそう（笑）。

大宮　おばあちゃんは？

山崎　おばあちゃんは、ニコニコしながら、はい。

大宮　じゃあ、包丁も自分たちで？

山崎　ああ、もう、そうですね。

大宮　それはお母さんが教えてくれたんですか。「こういうふうにやりなさいよー」なんて言って。

山崎　基本は教えてもらいましたが、「あとはまかしたわよ」みたいな。

大宮　本当？　すごい、みんな自立した生き方だったんですね。

山崎　そうですね、今から思うとね。不思議なバランスですよね。でもちょうどいい距離感でした。

卒業設計で「宇宙ホテル」アースビューの部屋を設置

大宮　東大での生活、どうでした？

山崎　そうですね……。

大宮　みんな言いよどむんです（笑）。

山崎　どうだったかなあ。駒場時代はＥＳＳに入って英語劇をやってたんです。いろんな人に出会えたっていうのがすごく楽しくて。

大宮　本郷ではわりと忙しかった？

山崎　理系は忙しかったですね。

大宮　卒論を書いて卒業でしたか。

山崎　卒論と卒業設計の二つを書きました。

大宮　卒業設計ってなんですか。

山崎　今日、製図を持ってきたので、お見せしてもいいですか？

大宮　ああ、ありがとうございます。スペースホテル？　面白い！　宇宙にお客さんが行ったときに泊まれるホテルですか。わりと「銀河鉄道999」に近いですね。入り口は？

山崎　ここからドッキングをして、入り口があって、中はグルッと通路でつながっています。

大宮　何人ぐらい泊まれるんですか。

山崎　一つの部屋に2人ぐらいで、何十部屋かあります。

大宮　そんなに！

山崎　当時から清水建設さんとかが宇宙ホテルを発表していて、すごいかっこいいなと思って、じゃあ自分で設計したらどうなるかな、と。なので、構想自体は、すでにいろんな人が提案していたものなんですけど。

大宮　宇宙工学を使って作ったわけですね。観光プランとかも？

山崎　観光プランまでは作ってないですけど、窓は一応、地球側に設置してます。

大宮　よく「オーシャンビュー」ってあるけど、「アースビュー」ですね。

山崎　そうです！　素敵な言葉をいただきました！

大宮　「アースビュー」って今後来そうですね。でも、普通の人はまだ行けないだろうな。

山崎　20年後ぐらいには行けるようになると思います。

大宮　本当？　訓練が大変でしょう。

山崎　行くだけであれば、訓練は数日で大丈夫です。事前に、一度ぐらいは無重力を体験していたほうが安心なので、飛行機で体験して。

大宮　筋トレしてきてください、みたいなことを言われません？

山崎　ある程度した方が安心ですが、でも宇宙でも運動できるので大丈夫。

大宮　そんなノリで行けちゃうんですか！で、卒業後は、大学院へ？

山崎　修士まで行きました。その間に1年間休学して留学しました。

大宮　へぇ。東大側から推薦があったんですか。

山崎　それはなくて、もう自分で行きたいと思って。中学生のときに英語部に入ってアメリカの子と文通してて。ＡＢＣも習いたてで文章は長く書けなかったんですけど、いつか留学に行きたいなと思ってたんです。私が大学生のころは留学斡旋とかもなかったので、留学した先輩の話を聞いたり、アメリカンセンターという図書館に行って調べたり。親からもものすごく反対されていたし、自費だけだと厳しいので現地のサポートもして頂ける財団の奨学生制度を調べて応募したりして準備しました。

大宮　すごい。自分で切り開いてきた人なんですね。

山崎　新しく宇宙飛行士の候補生に選ばれた2人は、東大卒ですよね。報道で聞いていると、私の頃とは比べものにならないほど、いろんな経験をしてこられているなあと。

大宮　うんうん。でも、山崎さんみたいに自分で切り開く人もいるわけじゃない？

山崎　私は奨学生制度などに助けられたので、制度がより充実して、誰もがチャンスを切り開ける世の中になってほしいですよね。

初めての場所なのに懐かしい
宇宙で感じた独特の感覚

大宮　宇宙に行ったときは、どういう感覚なんですか。

山崎　ロケットで打ち上げられるのが８分30秒間なんですけど、最後の約30秒間に３Ｇがかかるんですよね。自分と同じ体重の人が３人乗ってるくらいなので、結構重くて。深呼吸しながらいくんですけど、エンジンが止まると、急ブレーキがかかったみたいに、前につんのめる感じが、シートベルトをしてても分かるんですね。

大宮　はい。

山崎　それが落ち着くと、床にたまっているほこりがまず一面に浮かび上がって、キラキラって光ってるんですね。あ、無重力だなっていうのを感じながら、シートベルトを外すんです。そしたら、本当に浮くんだってちょっとびっくりしました。浮くと、何ていうんですかね、すごくね、懐かしい感じが私はして。エリーさんのスキューバダイビングと同じだと思うんですけど。

大宮　へえ。どんな感じだろう。私は海の中で、子宮の中なのかなとか、生物は太古は海から来たのかなと感じたんですけど。

山崎　ゆったりと浮いているというのは海の中の感覚と近かったですね。

大宮　面白い。新しいところに行ってるのに、何か懐かしいっていう感じがするんだ。

山崎　もっと感覚的な話で申し訳ないですが、細胞一つ一つが懐かしがっているというか、喜んでいるような、そんな感じでした。

大宮　その表現、独特ですね。でもすごくしっくりきました。

山崎　ああ、うれしいです。エリーさん、宇宙に行ってください。一緒に語り合いたいです。

大宮　いやいや、私はいいです（笑）。怖がりだから。でも、山崎さんの体験談で、はじめて行ってみたいなと思いました。

山崎　宇宙ではこいでも進まないので、そこは水の中と違うんですけど、慣れてくると、指で壁を押すだけで、スーッと魚のように動ける。泳げるようになってくるんですよね。

大宮　へえ。

山崎　いろんな研究者の話では、重力って三半規管が感知してるっていうけど、それだけじゃなくって、細胞1個1個レベルが、重力を感知する力がある、と。

大宮　はい。

山崎　で、その感知している部分がどこかというと、植物であれば葉緑体であったり動物であればミトコンドリア。昔はそれぞれが独立してバクテリアでいたときに、重力を感知していた機能が引き継がれているんじゃないかと言われていて。

大宮　へえ。じゃあ1個1個のミトコンドリアが重力を感知してる？

山崎　そうなんです。言い過ぎかもしれませんけど。宇宙へ行くのは特別な場所に冒険しに行くような感じがしてたんですけど、行ってみると、ふるさとを訪ねにいっているような。源っていう感じがしました。

大宮　ふるさと！　じゃあ、子どもたちなんかも、将来、宇宙行くといいのかな。

山崎　行ってほしいです。私、月に寺子屋を作りたいという夢があって。

大宮　えーっ？

山崎　月で先生をやりたいというのが夢で。

大宮　本当ですか。

山崎　中高生や大学生ぐらいの皆さんが、国籍関係なく月に来て、地球を見ながら一緒に学んで、またそれぞれが地球に戻って成長していったら、人はもっと協力しやすくなるんじゃないかなって妄想してます。

大宮　めちゃくちゃ面白いですね。

夢があって考えて切り開く美しい生き方だなあと憧れた

かわいらしい宇宙飛行士さんにお会いした。年上にそんな表現はいけないのだが、「ありがちありがち」などと合いの手を入れてくださり、すごく話しやすい。宇宙飛行士というと頭脳明晰で冷静とい

う感じがするが、同じ目線になってくれるところ、うんうん、と話を聞いてくれるところにふしぎな感じを覚えた。

もちろん、私がインタビュアーである。だから、私が話を聞かないといけないのだけれど、大宮さんの話も聞きたいなという感じがあるのと、ご自分の話をされるというよりも、海のように、呼応するように話される方のように感じた。そして、私は、山崎さんの話を聞いて、私もそんな人生だったらなあと思ったのだ。

ただ、宇宙飛行士のところではなくて（笑）、中学時代、お母様が単身赴任のお父様のところに1カ月いってしまわれたところ。「あとはがんばってね」という感じだったそうだ。そこで料理をお兄様と分担してやられたとか。この軽い感じがいい。じゃあ、まあ仕方ないか、と。そこで芽生える自立心。大学院での留学も自分で決めて、自費では行けないから奨学金や現地のサポート、NASAとの結びつきもあるところなど、自分で全部調べて行ったそうだ。

私には残念ながらそういうところがなかった。そこそこ自分の人生を切り開いてきたつもりだけれど、私の場合、行き当たりばったり。目の前に現れたことに、怖気づかずに飛び込む連続だっただけだ。

でも直子さんは違う。まず夢がある。先生になりたいなあとか、宇宙に行ってみたいなあというのがあって、考えて、切り開いていく。でも髪を振り乱してではなくて楽しみながら、コツコツ準備していく。そこが素晴らしく、美しい生き方だなあと憧れた。本のページを、きれいに1ページずつめくるように、直子さんの人生の物語は進んでいるように思えた。

その直子さんの物語の原動力は純粋な想像力や、面白がる力、好奇心。卒業設計も見せていただいたが、宇宙のホテルの設計図が描かれていた。銀河鉄道999に憧れて、みんな大人になったら宇宙に行くんだと思っていた少女は、大人になってスペースホテルの設計までして、そして本当に宇宙に飛び出していく。「細胞一つ一つが懐かしがっているというか、喜んでいるような、そんな感じでした」。私は直子さんから、しっくりくるこんな言葉を聞くことができた。初めて宇宙に行ってみたいなと思えた。直子さんはこうも言った。

「宇宙へ行くのは特別な場所に冒険しに行くような感じがしてたんですけど、行ってみると、ふるさとを訪ねにいっているような」

それは細胞レベルでの話だそうだ。三半規管だけじゃなくて細胞一つ一つが重力を感じるという説があるらしい。そんな直子さんが今持っている夢が、月に寺子屋をつくることだそう。聞いてみると、「中高生や大学生ぐらいの皆さんが、国籍関係なく月に来て、地球を見ながら一緒に学んで、それぞれが地球に戻って成長していったら、人はもっと協力しやすくなるんじゃないかなって」。

この、人はもっと協力しやすくなるんじゃないか、に泣きそうになった。直子さんは理想とかきれい事じゃなく、本当にやろうとしているのだった。つまり、もう地球を離れないと、地球のことを客観的にみて、謙虚になれないんじゃないか、と。この地球にお邪魔している生き物のひとつなんだと実感することで、平和が訪れるのではないか、と直子さんは考えているのかなと思った。

2023年5月15日号〜6月12日号掲載

東大受験を自力で乗り越えた経験が役立ってます

髙田万由子さん

たかた・まゆこ／1971年、東京都出身。東京大学在学中に「週刊朝日」女子大生表紙シリーズのモデルに。「たけし・逸見の平成教育委員会」レギュラー出演。94年、東京大学文学部卒業。99年、バイオリニストの葉加瀬太郎さんと結婚。2007年にロンドンに移住

前例なき留学をさせてくれた学校に恩返ししたかった

髙田　エリーさんは夫（葉加瀬太郎さん）とは交流がおありですよね。

大宮　葉加瀬さんの番組に出演させていただいたご縁で、葉加瀬さんが作曲されるお能の脚本を書かせてもらいました。葉加瀬さん、お能も、ってすごいですよね。あのとき万由子さんにも会えちゃったりするのかなと思ったんだけど（笑）。

髙田　すみません。あまり表には出ていかな

くて。裏にはいるんですけど（笑）。バイオリンとお能の組み合わせは、初めての試みでした。現代と古典の架け橋になるように、エリーさんにお願いしたみたいです。

大宮　うれしいです。お能も神様の世界も結構好きなので。万由子さんはクラシック音楽、お好きですか。

髙田　いや、別に（笑）。音楽は深すぎて分かんなくて。

大宮　えっ、そうなんですか。

髙田　ピアノは小さいころ習ってたんですけど、全然弾けなくて。バイオリンは娘が2歳から16歳まで習ってたときに、私がピタッと横についていて、先生が娘に教えたことを全部書き留めて、家で娘に通訳するみたいなことをしてたので、バイオリンはこうすると上手に弾けるんだろうなっていう理屈みたいなのは分かります。弾けませんけど（笑）。

大宮　すごい。私たち、同じ時期に在学してたんですっけ。私は今47歳で、1浪しました。

髙田　私は52歳で、高校で1年留学してます。

大宮　かぶってないのか。でも、学内で髙田さんのこと、すごく噂になってました。「東大生から女優さんになった人がいる」「すごい美人」って。

髙田　私ね、シブがき隊のモッくんの大ファンで、モッくんのいる芸能界に入りたいって願望がずっとあったんです。大学2年のときに「週刊朝日」に写真を送って表紙の女子大生モデルに選ばれて、それからは仕事のお話が来たらハイハイと即決してました。だから、勉強もしなくて……。

大宮　あ、大丈夫ですよ（笑）。

髙田　そもそも東大に入りたくて受けたので

はなく、私自身のチャレンジだったんです。白百合学園に小学校から行っていたんですが、高校のとき、1年間留学するために、一度退学して、また編入するという前例のない対応をしていただきました。だから、学校に恩返ししたくて、国立を受けたんです。

大宮　面白い。

高田　それで進路相談のとき、先生に「大学どこ行くの?」って聞かれて、「国立もちょっと受けてみたい」「東大、京大あたりを狙ってみるのはどうですか」と話したら、「ああ、あなたは無理よ」って。

大宮　えっ。

高田　この成績だとちょっと無理ですね、みたいな感じ。これは絶対に先生をギャフンと言わせちゃおうと思いました（笑）。

大宮　逆境があると燃えるタイプなんですね。

高田　こそっとね。地味に一人で燃えるので、あまり周りに気付かれないんですけど。

大宮　でも、国立の中でも東大にしたのは、なんでなんですか。

高田　まあ上から行くのがいいでしょう、と思って（笑）。だから、もともと東大に憧れていたとか、本当に東大に行こうとか思っていたわけでもなくて、私の第1志望は慶應でした。

大宮　確かに、なんか、ぽいです。

高田　私が留学してる間に、親友たちが先に慶應に入学してたので。でも、試しに東大を受けてみようという感じでした。

受験を自力で乗り越えたことが その後の人生に役立ってます

大宮　先生に「(東大は) あなたは受験無理よ」と言われてから、受験勉強はどうしましたか。

髙田　受験までの3カ月間をどう使うか考えました。それなりに勉強はしてましたけど、受験勉強を始めたのは高3の10月です。

大宮　ほんとですか。

髙田　1日のうち3時間は受験勉強だけに使いました。夜9時から12時は、宿題とかではなく、自分で作り上げたプログラムをこなしていくって決めてました。その間は、電話がかかってきても出ない、テレビも見ない、トイレにも行かない。100日間、合計300時間戦ったときに、自分は合格できるのか、できないかを実験しました。

大宮　すごい！　文系でしたよね。

髙田　文Ⅲの後期で合格しました。私が受験した1990年から後期試験ができて、センター試験3科目と2次は外国語と社会に関する小論文だったので、私立と同じ受験科目で受けられたんです。後期はセンター試験の足切り（2次試験を受けられる平均点の最低ライン）の点数がとても高かったですが、私は平均点が93点でクリアできて。後期はもうなくなったんですよね。

大宮　論文、大変だったのでは？

髙田　自分で予想問題を40、50問作って、いろいろパターンを考えてたら、そこから2問出ました。試験では考える間もなく書き始めました。やっぱり準備は大事だなって試験中に思いました(笑)。

大宮　準備できるかも、どんな準備を考えられるかもやっぱ才能ですよ。

髙田　私、塾に行かなかったんですよ。塾の行き帰りに時間もかかるし、人に習うより、自分でやったほうが早いと思って。あと、試験の何日前までに、全体を3回繰り返そうとか、余裕があるから5回にしようとか、ゴールを決めて組み立てました。

大宮　誰にでもできることじゃないですよね。ゴールがあっても、どういうステップを歩んでいいか途方に暮れるんですよ。私、現役のとき、どんな問題集をやっていいかも分かんなかったです。でも、浪人したとき、配られた合格体験記を読んで、その通りやったら受かりました。つまり、自分で道筋を作ることができなかったんですよ。どういうテキストが自分に合ってるとか。

髙田　私、あるとき気付いちゃったの。私立の過去問だったんだけど、読んだことある文章があるなと思って調べたら、教科書からそのまま抜粋だったんですよ。大学の先生がどこから出題するかな、大学の先生と受験生が共通して持っているテキストは何かなって考えたら、結局教科書なんです。だから、ひたすら教科書を読みました。

大宮　それも才能だと思う。教科書から発展できる才能。小論文は教科書ないですが、どう準備を？

髙田　いろんな人に聞いたり、新聞を読んだりして、こういう設問が出るんじゃないかと考えました。あとは過去問の解説を読みました。やっぱり過去問の分析が、その試験のカギを握ると思ってて。ビジネスでいうところのマーケティングですよね。

大宮　なんだかワクワクするなあ。

髙田　東大受験をして得たのは、段取り力だと思うんです。自分が目指すゴールに向かって道を作って、その道から逆算して今の自分とゴールとの距離を縮めていく。そのとき、なるべく最短距離を探し出す。高校3年生の時に自分で思いつきました。東大に入ったことよりも、東大受験を自力で乗り越えたことが、その後の人生に役に立っていると思います。

受験で鍛えた分析・リサーチ力演奏会の客席で生かしてます

髙田　私ね、裏方のほうが好きなの。

大宮　えー、いつ気づいたんですか。

髙田　デビューして結構早い段階で、秋元康さんに「髙田はさー、もう女版秋元康になれよ」って言われたんです。そのときは意味が全然分からなくて。でも、しばらくして、秋元さんとまた一緒にお仕事させていただいたときに、番組前の会議ではアイデアがいくらでも出るのに、実際に収録が始まると全くアイデアが出てこなくなっちゃって。

大宮　会議と同じことを言うのに飽きちゃったんですかね。

髙田　何かね、私、才能ないなって。表に出てキャッチーな言葉でポンと人の心をわしづかみにするようなセンスがないんです（笑）。そのうちイギリスに引っ越したりで、あまりテレビの仕事はしなくなってきたかな。

大宮　才能はすごいでしょ、秋元康さんが認めるくらいだから。で、役よりアイデア出す方に面白さを感じられるんでしょう。移住はいつ？

髙田　夫は結婚する直前まで3年間、セリーヌ・ディオンとワールドツアーを回ってて、「僕はいつかどこかの海外に住んでみたい」って言ってたんです。彼には世界的に有名になる音楽家としての才能があると信じていたので、まずは映画音楽の仕事を探しにハリウッドに行こう！と言ったんです。そうしたらロンドンがいいって。まず1年と思って身の回りの必要な荷物だけ持っていきました。娘は8歳、息子は0歳でした。

大宮　行動が早い！

髙田　その1年の間に、夫はずっと家でバイオリンの練習してたんだけど、発表する場を作ってあげたいと思ったんですよ。近くで1500人弱入るホールを見つけて、ここでコンサートしよう、と。ホールのマネージャーからは「これは誰だ」って言われたけど、ホール代は払うし、私が全部責任持つからと交渉しました。でも、どうやってお客さんを入れたらいいだろうと思って、チラシを作って、スポンサー集めに走って、大使館に相談して。それが、あっという間に完売したんですよ。それから13年、ロンドンで毎年夫の演奏会の裏方をひとりでやっていました。

大宮　プロデューサー経験もないのに、いきなり海外で公演ですか。

髙田　英語は片言で話せたけど、イギリスに行って、初めて英語を学んだみたいな感じだったかな。

大宮　不安とかなかったですか。

髙田　チケットが売れなかったら……というのはあったけど、私は結婚前から葉加瀬太郎を世界に出すことをずっと考えていて。だから当たり前のようにロンドンで彼のことをプレゼンできた。秋元さんは、私のそういうところを見ていたのかな。

大宮　万由子さん、結果出しますね。

髙田　結果は出すためにあるんだから（笑）。高校時代は過去問の分析とリサーチをひたすらしてましたけど、今もコンサートでは必ず客席に座って、お客さまがここで泣いたとか笑ったとかの反応を分析したり、客席から発信されるものを常にリサーチしています。そして家に帰って夫にフィードバックします。そうすると良い結果が生まれるから。

大宮　さすがですね。

髙田　東大受験は、今いる場所から目的地までどう距離を縮めれば結果が出るのか、ゴールまでの道のりを「思考するスキル」を身につけさせてくれたと確信しています。仕事は思い通りにならないことも多いけど、乗り越える努力は惜しみません。受験の時のように（笑）。

大宮　いやー、万由子さん一貫してますね。

受験勉強時代から一貫した判断力と実行力が凄まじい人

この連載で東大の受験のことを話してくれたのは高田万由子さんが初めてかもしれない。今までは、どう勉強したか忘れている方や、家から近かったから受けた、みたいな天才、そして普通に勉強して受かったという秀才が多かった。〃なんちゃって東大〃の私は、「さすが東大」と思うことが多かった。

万由子さんは、そういう意味で誰とも違っていて、計画して、傾向と対策をがむしゃらにやって合格しました、と言う。気持ちが良く、清々しい人だった。受験の理由も、受からないって言われたから一番の大学に受かってやろうじゃないか、と。動機が漫画みたいで面白い。

万由子さんは俳優として有名だけれど、今は旦那様の葉加瀬太郎さんのプロデューサーとして活躍されている。それも、受験勉強時代から一貫したものを感じるので、これまた頼もしくてかわいいなって思った。

大人の女性にそんなふうに言うのはおかしいかもしれないが、人がぶっちゃけて一生懸命な姿ってなんだか可愛い。ぶっちゃけすぎて誤解されることもあるのかもしれないが、それすらも、別にいいとあっけらかんとしている、その強さにも憧れた。私なんぞはすぐぐじぐじくよくよしてしまう。こんなこと言ったらどう思われるかしらと。だから、ものづくりをしているのだ。自己プロデュースができない。意外と自分のことがわからない。

万由子さんは東大生の中でもすごく頭がいいと思った。先見の明があるのだ。割り切りが早いし、自分の気持ちに正直に行動できる。裏方がいいと、スパッと表舞台から引っ込んだり。あ、もちろん俳優業もされているのだとは思うけれど。

そして、「あ、こうした方がいい！」というのがすぐわかる才能がある。太郎さんの才能にほれ、太郎さん以上に太郎さんの才能を信じ、世界で通用するはずだとロンドンに行くわけである。そしてコンサートは満員御礼の大成功。チラシを作ったり、スポンサーを探したり、かなり大変な作業だ。これは努力だけではできないもの。人を手繰り寄せる手腕がないと、お金も人も集まらない。

以来ずっと海外で興行を続けてらっしゃるのも、本当にすごい。才能なんかないと謙遜するが、目標を定め、たどり着くにはどうしたらいいのか分析し、達成していく。その判断力と計算と実行力は凄まじい。

受験の話に戻るが、万由子さんは論文の後期試験なら受かるかもと狙いを絞り、見事仕留めた。我々などは、こうなりたいな、というのがあっても漠然としていたりして、そこへ行く道など見つからないのだ。

じゃあ、そのゴールがはっきりしていたとする。それでもそこにたどり着く道がはっきりしなくて途方に暮れる、やけになる、自信がなくなる、つまり自分を信じられなくなる。

万由子さんがそばにいたら……と、どんなアーティストもおそらく思うのではないだろうか。自分にそういう才能が少しでもあればなあと。

だってなにより明るい。苦労ももちろん多いと思うけれど、持ち前の明るさで、あっけらかんと自分の望みをかなえていく、この清々しさよ。

でもきっと弱い万由子さんもいるのかなあとも思ったりもした。目標を定めないで、よくわかんなーいと、縁側でぶらぶら足をばたつかせてごろごろするような万由子さんもいるのではないかと。そういう、誰のためでもなく、猪突猛進でもなく、ただ漂う時間もあってほしいとなんだか友人のようにそう思った。

2023年6月19日号〜7月10日号掲載

特別編③

対談ゲストの名言

この国にある「東大コンプレックス」根底にあるのは〝絶妙な難易度〟

〝東大卒〟と色眼鏡で見られるのが嫌で、長年経歴を隠してきたという大宮エリーさん（1999年、薬学部卒）。一方で、2022年に東大・農正門前で刺傷事件が起きるなど、「この社会の行き過ぎた〝東大信仰〟は何なのだろう」、と気になっていたという。

研究者で実業家の成田悠輔さん（2009年、経済学部卒）は「この国で東大コンプレックスがこれだけ大きいのは、多分、難易度が絶妙だから」と語った。

東大の学生数は1学年3千人ほどで対談時の出生数は年間約80万人。

「100人に1人は入れないけど、千人いたら1人は入れる感じ。ギリギリ届くようで届かないみたいな範囲」

「ノーベル賞が取れなかった、とコンプレックス抱いてる人って少ない。だけど東大に入れなかったコンプレックスを抱いてる人は結構いる。東大コンプレックスをなくす過激な解決策は、東大の定員を30分の1にして超難しくすることかも」（成田さん）

通算39年間、東大で過ごした解剖学者の養老孟司さん（62年、医学部卒）は、「僕は、『ともあろうものが』がつくところには行くなって思っているんです。『東大生ともあろうものが』とかね」と言う。

「世間が勝手に作っているイメージに合わせなければいけない理由はどこにもない」ときっぱり。「物差しそのものを吟味するのが大事な作業」と話した。

対談ではほかにも多くの名言が。

「僕の建築は負ける建築なんです」

とは、建築家の隈研吾さん（77年、工学部建築学科卒）の言葉。東京オリンピック・パラリンピックの開閉会式が行われた国立競技場をはじめ、数々のコンペを勝ち抜き、手掛けてきた隈さんは、「負け」とは真逆の存在と思いきや、「自分だけが目立てばいいっていうのが勝つ建築だとしたら僕は負ける建築」との説明を聞いて納得。建築家の原点も、生まれ育った実家のボロ屋だそう。

対談後の振り返りで、大宮さんは「隈さんを誤解していた」と書いた。隈さんの建築が多く建てられる理由は「みんなが未来に不安を感じているから、楽しくなりたくて、安心したくて、隈さんに託しているのかな」。

ピアニストの角野隼斗さん（2018年、工学部卒）は、数学を究めたい、と音大ではなく東大に進学。その選択を振り返り、

「理系だと何か新しいことがないと論文にならない。たぶんピアノ科にずっといたら、今、世界に何がすでに存在して、何がなくて、何をやれば新しくなるのかみたいな思考にはなってなかったんじゃないかな」

ショパン国際コンクールセミファイナリストでありながら、ユーチューブでは「かてぃん」として新しい音楽表現に挑戦し続ける角野さんの思いが詰まった言葉だ。

シンガー・ソングライターの小椋佳さん（67年、法学部卒）は「創造することが生きている証だと思っていた」。でも就職先は勧銀（日本勧業銀行、現みずほ銀行）。後ろめたさがあったと言い、卒業コンパのときには「大組織に入るけど、創造的な作業をする人間でい続ける、表現者であり続ける」と宣言したという。

その言葉通り、銀行員として勤めながら、シンガー・ソングライターとしてデビュー。そのうえ、50歳で、再び東大法学部に学士入学し、2年後に文学部哲学科に入り、3度目の卒業後に、修士課程へ。大宮さんは「組織内のアウトサイダーであり続けるとおっしゃった小椋さんの生き方にしびれた」と振り返った。

5代連続で東大進学の鳩山家いつの間にかレールに

鳩山由紀夫さん

はとやま・ゆきお／1947年、東京都生まれ。69年、東京大学工学部卒業。スタンフォード大学工学部博士課程修了。86年、旧北海道4区（現9区）で初当選。2009年、第93代内閣総理大臣に就任。12年、政界を引退。13年、一般財団法人「東アジア共同体研究所」を設立、理事長に

総理をしていたときもよく眠れてました

大宮　政治は全然分かりませんが、鳩山さんに会ってみたかったんです。

鳩山　恐縮でございます。

大宮　この間、宇宙飛行士の山崎直子さんにも出ていただいて。

鳩山　私も宇宙人と言われているから、宇宙つながりですね。

大宮　そうですね……そうですっていうか（笑）。宇宙人というのは奥さまの幸さんがお

っしゃっているとか。

鳩山　いえ、政治家らしくない私が、政治の世界に入って、みんなに「おまえは宇宙人みたいだ」って言われていたんですよ。女房は、自分のほうが宇宙人と思ってますからね。

大宮　私、幸さんのハワイ料理本を持ってますよ。確か奥さま、鳩山さんがストレスのある仕事をしているのに自然体だから宇宙人なの、みたいなことをおっしゃっていたような。

鳩山　総理をしていたときも、よく眠れてましたもんね。何も考えないことにしているというか。本当は考えることが、たくさんあるんだけど、考えていたらやっていけないから。

大宮　本当ですか！　眠れない日々だったのかなと思ったら。

鳩山　今だって、ツイッターでいろんな批判を受けますけど、一切読まないから気にならない。正しいこと、自分として思っていることを言えば、どういうふうに批判されようといいですから、気にならないんですよ。

大宮　どうして総理になっちゃったんですか。

鳩山　ええ。もっとうまくやればよかったのに、すいません（笑）。本来は小沢一郎先生がなるべきだったんですよね。でも小沢さんにいろんな問題が起きて。結局は無実だったにもかかわらず極悪非道の人みたいにマスコミに書かれて民主党の代表を辞めざるを得なくなった。ですから突然ですよ。大臣もやったことがない人間が、なぜ総理大臣にって話で。

大宮　でも、民主党というムーブメントを作ったじゃないですか。

鳩山　あの時は年金の記録漏れの問題があり、後期高齢者という言い方に対しても国民の不満が大きかった。国民の自民党政権に対する怒りが圧倒的に強かった。ですから、政権交代間近だなという気持ちはあった。

大宮　鳩山さんから見て、今、国民の怒りって、減ってないですか。

鳩山　減ってる。ＬＧＢＴＱの問題も入管法の問題も、なぜもっと国民は怒らないのかなと思います。

大宮　そうですね。

鳩山　やっぱり、国民に「民主党政権を応援したけれども、結局だめだったじゃないか」「このざまだったら自民党のほうがまだましだ」と思われたのが大きいと思うんですよね。

大宮　そうかな。私は絶望を植えつけられているんじゃないかなっていう気がして。民意が通らないと諦めるくせが付いちゃったのかなと。

鳩山　われわれも大いに反省しなきゃならないのは、政権取った中で、分裂していったことです。

大宮　ああ、そうか、そうか。

鳩山　自民党は政権を取ってから、不祥事を起こした人間がいても、党として守って、すぐ排除したり、分裂したりしないんですよ。

大宮　清濁併せのむのが自民党で、民主党は濁をのまなかったんですね。

鳩山　そうそう。国民にそんなところを見透かされてしまうものだから。

大宮　やってることはよかったけど。

鳩山　主張していたことは、今でも間違ってはいないと思っています。ただ、それをうまくやれなかった。役人も業界団体もアメリカもみんなを敵に回したけど、一つでも、例えばメディアだけでも味方にしておけばよかったと思います。

5代連続で東大進学の鳩山家「いつの間にかレールに」

大宮 お父さまも、おじいさまも、5代にわたって東大なんですよね。

鳩山 そうみたいですね。

大宮 そうみたい……（笑）。「おまえも東大行け」と言われたんですか。

鳩山 そう言われた覚えはないんですよ。でも、私の母がいつの間にかレールの上に乗せてくれていました。

大宮 気づいたら乗ってた、と。

鳩山 小中学校は学習院だったので、高校も大学も学習院に行けたわけですよ。でも、家庭教師を何人か用意してくれて、高校は都立の小石川へ。そうなると東大にって話になって。おふくろは兄弟を東大に入れたい気持ちがあったみたいで。弟の邦夫は頭がよかったですけど、私は凡人だったもんですから、東大は高望みじゃないかなと思っていました。

大宮 そうですか。で、東大には一発で現役合格したんですか。

鳩山 すると思わなかったんですけど、合格しちゃったんですよ。

大宮 成績はどうでした？

鳩山 高2の夏に一度模試を受けたら東大に入る確率は5％ですって。

大宮 そこから猛勉強を？

鳩山 勉強がそんなに嫌いだったわけじゃないですから。

大宮 で、工学部に行ったんですね。

鳩山 当時は50年以上前ですよ。日本が戦後復興してきて、小学校の先生に、「これからはいかにしてこの国を興していくかが大事なんだ、だからエンジニアが大事だ」って言われた覚えがあるんですよ。

大宮　小学校の頃の先生の言葉を覚えていて工学部だったなんて。

鳩山　私は政治家になるつもりは全くなくて、弟がなればいいと思っていた。でも、東大の理Ⅰに出願した後、おやじから「なんでおまえ、法学部に行かねえのか」って言われて。

大宮　家族のみなさんは全員法学部だったんですよね。

鳩山　全然考えたこともなかった。

大宮　なりたいものはありましたか。

鳩山　別にないんですよ。力仕事が向いてないので、できるだけ頭を使っても体は使わないところ、と思って。それで工学部の計数工学科っていう今でいえばコンピューターサイエンスみたいなところに行きました。

大宮　学者の道に進まれたんですね。

鳩山　東大を出て留学したのですが、でも、先進的研究をされていた電気工学科の先生が「サバティカル」だったんですよ。

大宮　サバティカル？

鳩山　10年に1度ぐらい、教授が1年間休んでもいい制度があって。博士コースの学生として受け入れてもらえなくて。

大宮　え？　そうなんですか。

鳩山　それで電気工学科から、オペレーションズ・リサーチ学科に移って、修士からやり直しました。合計6年間もかかっちゃった。

大宮　大学時代は、モテた？

鳩山　全然モテない。私、奥手でね。私は大学の講義が終わったらすぐ家に帰って、家で食事してましたよ。

大宮　えーっ。

鳩山　もっと楽しめばよかったよね。最後の1年ぐらいは、大学紛争のときだったんで、学校も行かなくて。

大宮　学生運動に参加したんですか。

鳩山　いや、いわゆるノンポリ。弟と二人で高みの見物でした。当時大蔵省の役人だったおやじが東大に機動隊を入れろと言うと、弟と「大学は自治がありますから無理です」と。

大宮　家族で話してたんですか。

鳩山　そうそう。ただ、自分たちの考えは揺れ動きました。計数工学科には当時は大きな計算機があったのですが、壊されたら困るので、外からバリケードを張って、学生たちが入れないようにしました。

大宮　学生対学生もあったんですね。

〝政治を科学する〟と選挙演説「政治も工学的な見方が大事」

大宮　理系で、データを使う人が総理になったときに、国民がウワッとなった感じ、覚えてます。

鳩山　そうですか。私はオペレーションズ・リサーチを学んでいました。経営工学みたいなものです。数学を使って経営をどうやってより最適な方向に導くか。例えばブラックジャックで一番勝てるのはどの戦術かとか。くだらないことばっかりやってました。

大宮　ブラックジャックって、あのトランプの？

鳩山　そうそう。統計学的に最適な戦略があるんです。そういう意味で、最初の選挙のときに、「政治を科学する」っていう言葉を気に入って使ってたんですけどね。私の政治における ふるさとの北海道・室蘭で。でも「政治を科学する、なんて言ってもだめだよ」って弟の邦夫に言われました。

大宮　当時は東京で言っても、「ん？」って感じかもしれないですけど。

鳩山　今は「コーヒーを科学する」とかね、いろいろ出てきてますよ。

大宮　ちょっと早すぎた。そもそも政治家になりたくなかったのに、アメリカで博士をとって、なぜ国政選挙に出るために帰られたんですか。

鳩山　私は1970年から76年までいたんですけど、76年はアメリカ独立宣言からちょうど200年祭だったんです。一年中アメリカ人が、アメリカ人であることを誇りに思う年だったわけですよ。

大宮　はい。

鳩山　翻って、日本人が日本人であることをどこまで誇りに思えているかっていう自問自答をして、日本をもっと誇りに思えるような国にしないといけない。じゃあエンジニアで身を立てるかと思ったけれど、自分がやっている理論で世の中を変えられるとはとても思えなかった。ならばいっそ、家を利用しちゃおうっていう発想ですよね。鳩山の家だから、政治家を目指したら、その道に進めるかもしれないと。向いていないけれどもやってみようと。

大宮　鳩山さんは、どんなところが政治家に向いてないと思いますか。

鳩山　私は話し下手ですからね。政治家っていうのは、田中角栄さんみたいに、ワーッと聴衆を引き付けるようなオーラっていうのを持ってないといかんだろうと。でも、私は机の隅で、数字をいじっているほうが向いているだろうなと。

大宮　理系的なロジカルな考え方が、生きてたんじゃないですか。

鳩山　工学的なものの見方をすることは大事じゃないかと思ってて。しばしば政治っていうのは、感情に任せていろんな話をしますけれども、冷静に議論するべきだと思うし。最近の話ですと、2050年までにCO_2(二酸化炭素)を減らすんだということになっている。だから原発も必要なんだっていうロジックなんですけれども。でも地震大国日本においては、原発はまず使わないほうがいいと思います。じゃあ、どうやって自然エネルギーだけでカーボンニュートラルにできるかということで、計算をしてみたんですよ。

大宮　え、鳩山さんがですか?

鳩山　誰も計算なんてする人はいないですからね。

大宮　すごい。さすが工学部。

鳩山　できるんですよ、数字の上ですが、やろうと思えば。そのためには、欧州並みに風力発電を作って、さらに太陽光発電を伸ばしていけば、この国の電力は十分賄えるんですよ。でも、やろうとしないんですよ。

大宮　まだ引退できないですね。

鳩山　いや、引退してますけども。いろいろと、今の政治に対して、非常に心配なもんですからね。

アルゼンチンでワインづくり
「文化は国境を超えます」

大宮　鳩山さんの今を伺いたいです。政治家を引退されたら、畑とかワインとかやりたいっておっしゃってたような。

鳩山　そう思っていた時期もあって。

大宮　今日はどこか農場で対談するのかなと思ってたら、永田町（の事務所）にいらっしゃいましたね。

鳩山　ワイン造りをしたいと思っていたんですよ。南アフリカで日本人の方が造っているワインが、おいしかったんです。でも、日本の気候条件で、素人が簡単に造れるもんじゃないみたいで。

大宮　そうだったんですね。

鳩山　それで4月に友人とアルゼンチンに行って1・5ヘクタールの小さなワイン畑を買ったんですよ。

大宮　有言実行されてますね。

鳩山　マルベックという種類のワインを造り始めました。まだ樽に入って1、2カ月なので、若いんですけど、将来、おいしいワインができたらお送りします。

大宮　ありがとうございます！

鳩山　これ、よかったら飲んでください。中国のプーアル茶です。

大宮　ありがとうございます。中国も結構行かれるんですか。

鳩山　コロナ禍になって3年間、全く行ってなくてですね。コロナ禍直前の2019年は1年間に25回、中国に行って、韓国にも年間10回行きました。やっぱり、周辺の国とは仲よくしなきゃだめですよ。

大宮　そうですよね。私は鳩山さんの「友愛」っていう思想、素晴らしいなと思ってて。

鳩山　ありがとうございます。

大宮　いきなり政治的な話ですけど、日本は軍事費を増やしていますよね。でも、結局はウクライナみたいに武器を持ってても攻撃されるし、そもそも戦争になっちゃいけないわけだから、やっぱり対話が大事ですよね。

鳩山　周辺の国と対話で仲よくしてれば、武器なんていらないです。武器を持って守ろうとしたって、ミサイルを撃たれたら勝てないですよ。

大宮　対話していれば、ロシアとウクライナの戦争が起こらなかったかもしれないですね。

鳩山　そうだと思いますよ。亡くなられた安倍晋三元総理は27回もプーチンと会っておられたんだから、真っ先にロシアに行って「戦争はやっちゃだめだよ」と言いにいくべきだったと思うんですよね。どっちかを応援するんじゃなくて、間に入るぐらいの役割を果たせなきゃ。

大宮　どうすれば他の国と距離を縮められるんでしょう。

鳩山　私が総理のとき、アジア全体がキャンパスなんだ、国境はないんだ、という「キャンパスアジア」という構想を打ち上げたんですよ。

大宮　すみません、不勉強で。

鳩山　大学間で単位互換という形で細々と続いています。国境なしで若い世代が学べば、視野も広くなるし、それこそ過去の問題がクリアされていくと思うんですよね。あとは、やっぱり文化は国境を超えますからね。食べ物も含めて。お互いがどんどん接することによって、理解し合えることは、十分あると思いますよ。

大宮　そうか、そうか。文化を理解していく、リスペクトしてく、と。

鳩山　スポーツもそうですけどね。（卓球の）ピンポン外交が日中国交正常化にうまく作用したと思います。今も大谷翔平さんの存在が、日本とアメリカの距離を近づけていますよ。

大宮　うんうん。

鳩山　ワインを飲んで、日本酒を飲んで。アルゼンチンのワインは「友愛ワイン」という名前にしようかと。

大宮　いいですね！　楽しみです！

澄んで熱かったまなざし「対話」は奇跡を起こす手段

この対談のために鳩山さんの事務所を訪れたとき、プーアル茶を

私と同行のスタッフやアエラの方々にも出してくださった。そのおいしさに、おっ、と思い、思わず尋ねた。「これは？」

すると鳩山さんは、「中国のかたが来てお土産で」。茶葉が下に沈んでいるのも、本格的なお茶のいただきかただ。鳩山さんがすごく中国に精通されていることを感じた。

「私なんかは、周辺国と対話で仲よくしていれば、武器なんていらないと思うんです。武器を持って守ろうとしたって、ミサイルぼんぼん撃たれたら、小さい島国は勝てないですよ。だから絶対仲よくしないといけないのに、仲よくするどころか、日本はアメリカと組んで……」

私は政治に精通しているわけでもないし素人だけれど、素人なりに思う。軍事費を増やして武器を持っても、ウクライナのようにずっと戦争が続くだけじゃないか、と。

「ウクライナを支援しますというのは、ウクライナの人がますます亡くなってしまうということ。いかにしてやめるかっていうことをしないと」

鳩山さんのまなざしは、澄んで熱かった。

「習近平がやろうとしたんですよ。プーチンに会って、停戦のための12項目の提案を出したんですけど、日本ではほとんど論じられない」

そう、私も知っている。ウェブニュースに一瞬出てすぐ消えた。とてもいいニュースなのに。

「あれを話題にしなきゃいけないと思うんですよ。とにかく戦いをやめなさいよ、という話なんです」

書いていて胸が締め付けられる。武器の支援ではなく停戦を。そういうムードが高まってほしい。

「アメリカは天下の覇権を握っていたいから、中国が覇権的な動きを見せてくると、『冗談じゃないよ』といってたたくわけですよね。その動きに日本も一緒になるっていうのは、私は間違っていると思います」

いつか日本が戦地になってしまうのではないか、行かなくていい未来の青年たちが武器を持つ時がきてしまうのではないかと考えるとつらい。近隣諸国と対話ができないものなのか、もう手遅れなんだろうか。

「そうでもないと思うんですよね。例えば、中国もコロナの前までは、『爆買い』とかいって、たくさん日本に来てましたし。政治レベルではどうもいろいろあったとしても、必ずしも国民レベルでは、そうではないなというところがあります」

私たちにできることはなにか。

「やっぱり文化は国境を超えますからね。中国の文化、あるいは韓国の文化など、食べ物も含めてですけどね。お互いがどんどん接することによって、理解しあえるということは、十分あると思いますよ」

私は目の前のプーアル茶に目を落とした。文化を理解し、リスペクトしていくってことが大きいはずだ。

「偏見を退け、理解するためには、やっぱり現地に行くこと。お互いに知り合ったら、たぶんみんな仲よくなるんですよ。日本酒飲んで、紹興酒飲んで……って飲むばっかり（笑）」

生ぬるいとか能天気と思われるかもしれないこの「対話」とか「友愛思想」だけれど、でも本当は一番、難しくて奇跡を起こす手段かもしれない。武力は簡単で、そして、時の情勢により、簡単に裏切られる。

「大谷一人がね、日本とアメリカの距離を近づけてますよ」

野球好きの鳩山さんは笑って言った。けれど、その言葉に、鳩山さんの歯がゆさを感じた。

新しい戦前にならないよう日本の未来に船頭を向けて

鳩山さんは、素人で不勉強な私を馬鹿にすることなく、素朴な質問にも答えてくださった。対談は和やかな雑談のようで、でもずっと日本の未来にきちんと船頭は向いていた。
「対話や平和が大事だっていう人たちよりもね、武器で自分たちは強いんだっていうことを見せることに力を入れている人のほうが、

何かこう、強いんだよね。勢いがある」と鳩山さんは憂えた。でも、自国民とすら対話ができていない政治家のみなさんが、国外の人と対話できるんだろうか。国民を代表して国政をしようとする人たちが、自分たちが守るべき国民と、膝をつきあわせて話していると思えたことがない。誰のための政治なのか。そんなことを思っていると鳩山さんがこう言った。

「もっとこの国は発展していなきゃいけないはずなのに、低迷している。そういうときって、強い政治家を求めるんです。若者が諦めモードになってしまっているのも、そこにあるような気がするんです。諦めてしまって、もうこんなもんだというような人たちと、武器を持って強い日本にしなきゃいけないんだみたいな人たちが、結局、同類項になってしまっている気がしますよね」

私だ、と思った。若者ではないけれど、何を言っても届かない無力感というか、そう、同類項なのだ。

タモリさんがテレビ番組「徹子の部屋」で、2023年はどんな年になりますかという黒柳徹子さんの問いに、「新しい戦前」と答えた。時代を飄々と見つめてきたタモリさんが的確に捉えた言葉。でも、戦争は起こしちゃいけないのだ。この地が戦地にならないようにするにはどうすればいいのだろう。

8月は戦争の記事を多く目にする。2023年8月12日配信の毎日新聞で、人間魚雷「回天」に乗ることになっていた当時の青年の話を読んだ。「米軍の飛行機が失敗して海に墜落した一人の兵士を救おうとしていた。衝撃を受けた。我が国は、一人の命は兵器としてみなされる。それが相手は一人の兵士の命を救おうとしている。こんな国に勝てるわけないと思った」。すごく胸にきた。

日本という国は、真心とか、和をもって貴しとなす、とか平和思想があるのに、同時に、「お国のために」自己を犠牲にしたり、隠滅したりする文化もある。日本だけではないとは思うが、日本の優しさ、マナーの良さが際立つから、逆にそのギャップに闇のようなものを強く感じる。

「人権というものにおいて、どうも日本は世界の中で取り残されているという気もしますからね。（名古屋出入国在留管理局の収容施設で）ウィシュマさんが亡くなって、だからうんと変わるのかと思ったら、何かますます悪くなる」

と鳩山さんが言った。確かに、そう、何も変わらなかった。鳩山さんの話を、お花畑という人もいるのは知っている。でも、そしたら世界中お花畑だ。だって、オリンピックや万博はどんどん計画するのに、戦争は続いている。平和の祭典っていったい何なんだろう。選手のもたらす感動を、国のリーダーたちが平和利用していない気がする。

どうすれば、新しい戦前にならないようにできるのだろうか。新しい戦前という空気を壊すのは、私たち一人ひとりの、自立した全く新しい意識なのかもしれない。思いっ切り、お花畑な意識でアジアを埋め尽くす。そういうムードが、アジアの緊張を和ませ、何かまだ誰もみたことのない新しい時代を作るかもしれない、と、願いも込めて思った。

2023年7月17日号〜8月28日号掲載

音大ではなく
東大で学んだから
ピアノで新しさ求める

角野隼斗さん

すみの・はやと／1995年、千葉県出身。2020年、東京大学大学院情報理工学系研究科を修了。東京大学総長大賞を受賞。21年、第18回ショパン国際ピアノコンクールセミファイナリスト。かてぃんとして始めたユーチューブチャンネルは登録者143万人に（2025年1月現在）

ピアニストだけど東大出身
必要な人と会う星を持ってる

大宮　（ユーチューブ名は）「かてぃん」さんだけど、スミノさん？

角野　かてぃんなんで、カクノと間違えられることが多いですが（笑）。関係はないです。

大宮　なるほど。

角野　山崎直子さん、この連載に出ていましたよね。

大宮　はい。私、星の本を書いたことがあって、宇宙飛行士のかたに会う機会が多かったんですが、山崎さんはお会いしたことなくて。すごく面白くて、素敵な方でした。

角野　親戚なんですよ。

大宮　え？　しっ、親戚？　そんなことありますか？

角野　旧姓は角野直子さん。父のいとこですね。

大宮　えーっ。そうなんだ。じゃあ、いつも正月に会う、みたいな？

角野　いや、数回ぐらいしかお会いしたことないですね。

大宮　あ、でも、親戚が宇宙行ってんなーとは思ってたんですか。

角野　思ってました（笑）。いや、子どものころだから、あんまりよく分かんなかったですけど、僕も宇宙好きだったから、「おー、すげー」って。

大宮　そうなんですね。角野さんはピアニストだけど音大じゃなくて東大出身なんですよね。

角野　東大です（笑）。

大宮　それでショパン国際コンクールに出て、しかもセミファイナリストまで残られて。準優勝ってこと？

角野　準優勝ではないですね。入賞の一歩手前ぐらいです。

大宮　でも、世界中から応募者がいて、決勝の手前まで進むなんてすごい。ショパンコンクールに出るのは夢だったんですか。

角野　夢のまた上。現実感のないものでしたね。出られるだけで名誉なことだし、そんな場が自分と関係してるとは思ってもなかったです。

大宮　タイミング的に出るのは今だと思っ

たんですか。

角野　あれ、5年に1回なんです。コロナで1年延びて、2021年の開催になりましたが、応募したのは19年。そのころはただの学生なわけです。

大宮　ほう。

角野　でも、コンクールまでの2年間に、ユーチューブ（の再生数）も伸びて、コンサートもたくさんやらせてもらえるようになって、テレビとかもたまに出て。その上でショパンコンクールに出るっていうのは、必要以上に注目されるわけですね。ありがたいとは脳で分かってるんだけど、注目されるのが嫌すぎて、プレッシャーすぎて、スマホを一回も見ないようにしようと思ったり……。大変でしたね、あのときは。

大宮　そのための練習とかは？

角野　ごりごりにします（笑）。コンクール前にはパリに行って、先生に朝から晩まで教えてもらったり。

大宮　パリにつてがあるんですね。

角野　そう、パリに半年間だけ住んだことがあって。学生時代、研究のほうで行ったんですけど。そのときに先生に出会えたんです。

大宮　いやいや、私、パリは何回も行っているけど、出会わないよ、そんなすごい先生に。

角野　現地の日本人コミュニティーで知り合った方が、僕が子どものころから知っている、美しい音のピアニストと友達だっていって。

大宮　そんなパリマジックが！

角野　いやー、ラッキーでしたね。

大宮　角野さん、なんか必要なときに必要な人と会う星を持っているのかもしれないですね。

角野　人には恵まれていると思いますね。ありがたいです。

自分とピアノだけの閉じた空間　アップライトが奏でる祈り

大宮　この前の角野さんのコンサート（2023年3月10日・東京オペラシティ）は素晴らしかったです。もう、不覚にも号泣、うーって。

角野　ありがとうございます。

大宮　演出も素晴らしかったですね。

角野　それはいろいろ凝って。

大宮　ちっちゃなピアノが出てきたじゃないですか。

角野　アップライトピアノですね。

大宮　あれがやっぱりいい。

角野　そう、いいんですよ！

大宮　懐かしい音がする。コロナもあってみんな元気そうに見えてもいろいろ思うものがあるけど、それがパーッと浄化されてくような、心の窓がバンと開くような感じがあった。「主よ、人の望みの喜びよ」とか、教会にいるような感じがして。

角野　バッハは宗教と切っても切り離せないですから。それで、アップライトともすごく相性がいいな、と。

大宮　ああ、そうかそうか。

角野　なんかこう、祈りに近いというか。グランドピアノのように、たくさんのお客さんの前でドラマチックに弾くというのとは全く違う、自分とピアノだけが向き合っている閉じた内的な空間というか。

大宮　だからかな。本当に祈りを感じたし。最後はジャーッて、ほら。

角野　パイプオルガン？

大宮　そう。いや、もう祈りのクライマックスみたいなね。

角野　あのとき初めて人前で弾きました、オルガンを。

大宮　初めてにしては暴れっぷりがすごかった（笑）。

角野　暴れましたね（笑）。

大宮　演出に数字を利用してたじゃないですか。

角野　ああ、はい。電球ですね。即興も弾くから、聴いてる側が、いま何番目の曲を弾いてるか分かんなくなるだろうなって思って。ユーチューブはテロップで表示できますけど、コンサートではできない。ナンバーをそのまま出すのもかっこ悪いし。

大宮　電球っていうのがすごくいい。何進法とか言ってなかった？

角野　２進法です。電球にはオン、オフの２パターンあるので、２個あれば２×２で４パターンできる。３個あれば８パターンできる。で、４個で16パターン表せるわけです。僕が数学をやってたから、ですかね。

大宮　すごい。坂本龍一さんみたいな人が出てきたなと思ったよ。

角野　おー、大好きです。光栄です。

大宮　生前よくしていただいたんです。

角野　僕はお会いする機会がなくて。でも亡くなる約１カ月前に（テレビ番組の）「題名のない音楽会」で僕を含め若手が坂本さんの曲を弾いて、坂本さんが番組にメッセージを寄せてくれたから知ってはくれてた、と。

大宮　間に合いましたね。

角野　間接的にでも、関われて嬉しかったです。

大宮　教授（坂本さん）は哲学的で、数学的な世界がある。バッハも数学的だもんね。

角野　めちゃくちゃ数学的ですね。

大宮　ねぇ。バッハ以外にいる？　数学的な曲をつくる人。

角野　バルトークも、すごく数学的だなと思います。現代的な和音が出てくるんですけど、フィボナッチ数列とか黄金比に基づいていたり、中心軸システムっていう転調の仕方が対称的になってたりする。論理的に作られているなと思います。

大宮　なるほど。

角野　でも、たとえ数学的な曲を弾くとしても、本番で弾くときは、頭を無にして、直感にまかせて自然にあふれ出るのが、音楽としてはいいと思っています。

音大でなく東大で学んだから新しさと価値を求めるように

大宮　もともと数学も好きだったけど、音楽も好きだったんですか。

角野　音楽はずっと好きでしたね。ピアノを始めたのが3歳でした。母がピアノの先生なんで、自宅にピアノがあって自然に。

大宮　じゃあそういう環境があったわけですね。でも、数学も好きだったっていうのは？

角野　強いて言えば、父親がそっちの興味を刺激してくれて。渋滞しているときとか、ディズニーランドの待ち時間とか、算数の問題を出してくるわけですよ。算数パズルとか、魔方陣のパズルとか、マッチ棒とか。

大宮　へえ、面白いお父さん。

角野　数への興味は1、2歳ぐらいから持ってたらしくて。数字を見ると寄っていったって。駐車場でも車じゃなくてナンバープレートに反応したり、駐車番号をなぞっていたり。

大宮　なぜ東大に？

角野　中学受験をして開成に入ったんですけど。

大宮　開成に？　すごいね。

角野　そこから東大を目指すのは、そんなに珍しいことではないですし。

大宮　確かにそうですね。

角野　音大や芸大に行きたいなと思ってたんですけど、そのころ、自分の興味がジャズとかロックとかに向いていたので、音大でクラシックピアノを朝から晩までやって、将来教授か何かになって、みたいなのはあんまり面白くないかなと思って。東大に入っても音楽はできるしな、と。

大宮　それで東大では数学を？

角野　工学部ですね。計数工学科に行って、そこから情報理工っていう大学院に行って。

大宮　何かやりたいことが？

角野　東大に入ったころは具体的なことも考えず、数学が好きだったから理Ⅰに入って、何か音楽系の研究と組み合わせられたら楽しいだろうなと思ってました。

大宮　でもよかったですね、数字と音楽を結び付ける学問があって。社会的にはどう役立つ学問なんですか。

角野　音声を処理する裏側にはあらゆる数学が詰まってますから。

大宮　そうか、なるほど。

角野　録音したものから自動でノイズを除去するときも、何らかの数学がそこにはあります。学部のときにやっていた音源分離というのは、人の声が何人か混ざっているのを聖徳太子みたいに聞き分けるとか、ピアノ、ドラム、ベースが混ざった音から、ピアノだけの波形を取り出すことです。データを処理して、どういう評価基準のもとで最適になるかっていう考え方が数学なんです。面白かったですね。

大宮　東大に入って、今に生きていることはありますか。

角野　理系だと論文を書くには何か新しいことがないと論文にならない。でも新しいと言うためには、今までの研究を全て調べて、で、何が足りないのか、で、私はこれをしましたっていう思考回路になる。たぶんピアノ科にずっといたら、今、世界に何がすでに存在して、何がなくて、何をやれば新しくなるのかみたいな思考にはなってなかったんじゃないかなと思います。

大宮　どう新しいものを発表するか、ということがテーマなんですか。

角野　自分の一番の重要性はそこにありますね。新しくてどう社会の役に立つかまで言えて、初めて価値を持つ。だから、自己満足で終わりたくないし、お客さんがどう感じるか、は気にしてます。お客さんが100%知ってるものを提供するのも違うし、全く知らないものを提供するのも違う。発見と共感のバランスを常に探している感じです。

好奇心はなくしたくない 街中の騒音も活動に生かす

大宮　バンドもしてるんですか。

角野　はい。「Penthouse」ってい

います。

大宮　いつから始めたんですか。

角野　大学1年からバンドサークルに入って。1、2年のころは、サークルでセッションしてました。

大宮　そのサークル、私がいた頃からあったのかな。

角野　あります。「東大POMP」です。

大宮　バンドは全員東大生？

角野　一人は青学で、ほか5人は東大です。

大宮　へえ。東大の授業って面白かったですか。

角野　面白かったけど、あんまり授業に出てなくて。1年のころは、ずっとピアノとかバンドとかしてたから。3年になって、ようやく真面目になってきたんですけど、3、4年になると授業というよりは研究室になるんで、あんまり授業は受けてた記憶がないんです（笑）。

大宮　バイトとかしてたんですか。

角野　プログラミングしてました。

大宮　すごいなー。

角野　時給がいいんですよ。3千円とか。

大宮　えっ、家庭教師とあんまり変わらないよね、そうしたら。

角野　でも家庭教師は、その場にいなきゃいけないじゃないですか。プログラミングはどこでもできるから。電車の中とかカフェでもできるし。

大宮　なるほどねえ。数学的なことは、もうやってない？

角野　やってないです。最初は両輪でいきたかったんですけど、ちょっと音楽に集中したいなと思って。

大宮　最近は、チャレンジしようと思っていることがあるんですか。

角野　4月にニューヨークに引っ越したんですよ。それは、自分の中では大きな転換でしたね。

大宮　確かに。なぜニューヨークに？

角野　日本の外に住みたかったんです。クラシックだけじゃなくて、ニューヨークはいろんなものがあるから。それは刺激的だなと思ったし。

大宮　何年ぐらい住むイメージ？

角野　アーティストビザが3年取れたんで、3年は住むと思います。

大宮　へえ。どういうことをインプットしてます？

角野　僕はずっと、自分のことを少年だと思ってて。

大宮　あ、少年。いい言葉ですねえ。

角野　老成はしたいけど、子どもでもいたい。欲張りなんですけど。やっぱり好奇心をなくしたくないんですよ。どんなに仕事で忙しくなっても、楽しいからやってるんだっていうスタンスを崩したくなくて。

大宮　子どものとき、駐車場の3の数字に近づいていったみたいな。

角野　まさにそういうことです。好奇心を持って、何か調べたり聞いたり見たりしたものと自分の活動とをつなげられるかなって、いつも考えてる感じです。

大宮　へえ。どのように好奇心を持つんですか。

角野　MoMA（ニューヨーク近代美術館）とかにはよく行っていて。カーネギー（ホール）とかリンカーン・センターで毎日クラシックのすごいものやっているし。ジャズやっている人がたくさんいるのも刺激的だし。

大宮　しょっちゅう音を聴いてる環境ですか、一日中。

角野　ニューヨークの街中のザワザワは録りましたよ。めっちゃクラクションが鳴るから。ポッポ、ポポポ、ポポみたいな、リズムになってて。

大宮　作曲できそうですね。

角野　(作曲) します!

音楽だけでなく数学センスも作曲家の世界の彩り取り戻す人

かてぃんさんと対談するということで初めてライブに行った。厳粛なホールの中に、ピアノが2台。グランドピアノと、アップライトピアノ。拍手のなか登場したかてぃんこと角野さん。グランドピ

アノではなく、アップライトの方に座って弾き始めた。体育館で聞いたような懐かしい日々の思い出を思い起こさせるようなノスタルジーな音。

バッハの「主よ、人の望みの喜びよ」。冒頭から涙が流れる。私は3歳からバイオリンを習っていたが、それは英才教育ではなく、通りがかりの商店街で欲しいと言ったものがバイオリンだったから。中高時代はオーケストラ部にも入った。高校卒業後は、ミュージシャンの友達に誘われるとケースを開けて弾くくらいで、大のクラシック好きではない。だけれど、ああ、バッハってなんて素晴らしいんだと再認識した。角野さんの演奏は、作曲家の世界を再解釈し、彩色を新たに蘇らせるような、古い絵画が最新の技術で彩りを取り戻すような。そしてそこにきちんと角野さんのセンスがある。天才のセンス。

昔、サイトウ・キネン・オーケストラを長野の松本まで聴きに行ったとき、小澤征爾さんが出てくる前に、違う海外の指揮者が指揮をした。

「ふうん、こんなものか」と思った。ところが、小澤さんがゆっくりと指揮台に上がられて指揮をした途端、え、同じオーケストラ？と目を疑った。同じ馬？と思うくらいに、自由に音の海原を走り回った。見違えるオーケストラ。素晴らしい音楽躍動。

角野さんの音でそれを思い出した。バッハが素晴らしくても、誰が奏でるか、どういうセンスでそれを表現するかがすごく大事なのだ。

バッハは下手すると古ぼけてしまうことだってある。かといって奇をてらうと、素材が良くてもヘンテコなフュージョン料理を食べたようなよくわからないことになる。角野さんの演奏は、きっとバッハも舞台袖で喜んで、感動して見ているんじゃないかなと思った。

さて対談である。そんな角野さんに会って、20歳も下なことに、あんぐり。努力ももちろんされているけれど、軽やかな行動力と、数学が好きな頭のよさ、キレのよさに、ああ、だからあんな演奏ができるのかと納得。音楽って、音楽漬けというよりも何か数学的なセンスだったり構築が必要な気がする。音はバイブレーション、周波数である。感情に酔いしれるのではなく、きちんと整理され、デザインされたセンスと、美を追求していくなかで削ぎ落とし研ぎ澄ましていく胆力が必要だと思う。それを軽やかにやってるのが、角野さんなんだ。私が、「あのライブ、教会のような救いのライブでした」と言ったら彼はこう言うのだ。

「バッハを取り上げるなら、宗教とは切っても切り離せないですから。それで、アップライトともすごい相性がいい、と。あれって、何かこう、祈りに近いというか、自分のためだけに、自分とピアノだけが向き合っている内的な空間が、あそこにあるような感じがバッハに合うな、と」

本当に20代？　20歳下だけど魂年齢は古いんじゃない？　ライブの裏コンセプトも、

「自分がクラシックだけじゃなくて、バンドだったり、ジャズ的なことだったりもやるから、ビートのある音楽が好きなんですよね。で、クラシックの中にもビートはあるはずだと。特にそれはバッハに感じるんです」

ほら、バッハも喜んでる。

2023年9月4日号〜10月2日号掲載

合格までの「千日プラン」作成 受験は「修業」だった

松本紹圭さん

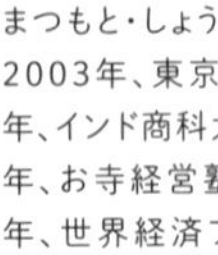

まつもと・しょうけい／1979年、北海道出身。2003年、東京大学文学部哲学科卒業。10年、インド商科大学院（ISB）でMBA取得。12年、お寺経営塾「未来の住職塾」を開く。13年、世界経済フォーラム（ダボス会議）ヤング・グローバル・リーダーズに選出

道は作ればいいとの手応えが東大受験の一番の収穫

大宮　以前、インドに行かれていたっていうのは修行だったんですか？

松本　10年ちょっと前、インドのビジネススクールでMBAを取るために、1年住んでました。

大宮　なぜインドのビジネススクールにしたんですか。

松本　うん。インドが好きなんです。インドは面白い。

大宮　ＭＢＡをインドでってすごいなあ。東大では学部はどこでしたか。

松本　文Ⅲで入り、文学部の思想文化学科哲学専修課程に進みました。

大宮　在学中に、僧侶になろうと思ってたんですか。

松本　いやいや、思ってないですね。もともと哲学に興味があったんです。ただ、北海道の小樽の田舎出身なもので、東大法学部っていう、わかりやすい記号に憧れがちで、最初願書に「文Ⅰ」って書いて。でも法律に興味はない。2本線を足して文Ⅲにしたんです。

大宮　哲学のどのジャンルが好きだったんですか。

松本　西洋哲学ですかね。ニーチェの「神は死んだ」っていうのが、なんかかっこいいなと。

大宮　死んだとか言って、まさか神に仕えるとはね。

松本　神じゃない、神仏（笑）。

大宮　そうだ！　神仏ですね。ところで、東大には現役で？

松本　現役です。小樽の中でも外れの、昔は塩谷村って言われてた漁村にいました。だから小さい頃は東大とか考えたことなかったです。当時、中学も荒れてて、本当に嫌でしたね。

大宮　ガラスが割れてるみたいな？

松本　そう。北海道なんだから割るなよ、と思うんですけど（笑）。

大宮　そうですよね、凍死しますね（笑）。

松本　高校は商業科とか水産科じゃなく、普通科に行こうと。で、入試の成績がたまたま1番だったんです。

大宮　すごい！

松本　東大に行く人が何年かに1人ぐらいいる高校だったので、1番ってことは東大に行けるかもしれないと思ったんですね。あと、北海道を出るんだという気持ちがあった。それには北大を超えないといけない。怒りのエネルギーがありました。

大宮　勉強はスムーズにいったんですか。

松本　高校で東大対策もあるわけないし、塾にも行っていないから、自分で作戦を立てないといけないんですね。だから、高1の時、東大に合格するにはどうしたらいいか、「千日間のプラン」みたいなものを作って。

大宮　修業ですね、まさに。

松本　孤独な修業感がありましたね。

大宮　でも、プランはどうやって？

松本　赤本を買ってきて、3年後にこれを解けるようになればいいんだな、と。

大宮　どう、策を練ったんですか。

松本　授業は全部自習時間にしましたね。参考書を買って、今はこれをやる時期だと決めて。

大宮　その選定も難しいですね。

松本　違ったなと思えば、修正して。東大合格者の本も読んでました。孤独な戦いを戦い抜いて、あそこまでやらなくても合格したなって思うぐらい勉強しました。だから、東大に入って、こんなにもレールに乗ってきた人がいる場所なのかって驚きました。名門校に行って、自動的に東大を目指す世界もあるんだな、と。

大宮　山があったとして、名門校の生徒はすでに先輩が歩いた道があるけど、松本さんは自分で道を作りながら行ったわけですね。

松本　道は作ればいいんだって手応えを得

られたのが、東大受験の一番の収穫だったのかもしれません。

想像つかない人生を生きたい　継ぐ寺ないのに飛び込んだ

大宮　就活はされたんですか。

松本　哲学科でも、みんな哲学者になるわけではないんで、周囲も大学3年生の後半ぐらいで、就活し始めて。当時は、私も就職か進学ぐらいしか選択肢を知らなかったです。

大宮　そうですよね。わかります。

松本　自分には広告代理店が合ってそうだなとも思ったんです。で、広告代理店に就職して50歳になった頃をイメージするわけです。すると想像できるような気がして、もういいやってなっちゃって。想像がつかない人生を生きたいと思っていたので。

大宮　想像つかない就職というと？

松本　駒場時代から友人だった同級生にお寺の息子がいて。彼は進学したけど、いずれお坊さんになるって言ってて。私も母方の祖父が北海道で住職をしているから、お坊さんという存在になじみはあるわけですよね。ただ、いとこが跡を継ぐので、自分がまさかお坊さんになるとは想像してなかったんですね。だけど、お寺を継がなくてもお坊さんになれると知ったときに、急にピンと来ちゃったんですよね。就職って人材マーケットに自分を身売りするというか合わせていかなきゃいけない。それ自体にしっくりきていなかったので、就職でも進学でもない、第三の選択肢「出家」って思ったら、急にグッときまして。

大宮　お寺に就職ですか？

松本　結果的に就職です。でも、リクナビとかにお寺が出ているわけじゃないんで。なので、なれる可能性があることは分かったけど、なり方が分からない。さきほどの駒場時代の友人が下宿していたのがこの神谷町光明寺。ここの住職も赤門出身で。

大宮　えー。東大卒のご住職。ご縁ですねぇ。

松本　先輩が住職をしているお寺っていうことで、話を聞いてみようと訪ねました。で、「結構大変だよ」と。

大宮　どのへんが大変と？

松本　修行が大変ってよりも、跡継ぎだったら継ぐ寺もあるけど、根無し草な感じで来ると苦労はあるよ、と。それでもよければ来なさいって。

大宮　なるほど。でもすごい、来なさいってなったんですね。でも、すぐ来たら？ではなかったんですね。

松本　明治以降、宗派を問わずにお坊さんが家族を持つようになって、世襲が主になってきたので、そこにバックグラウンドのない人が入っていくのは、道は開かれているけれども、人一倍苦労をする。

大宮　どう入っていかれたんです？

松本　まずは給料とかもいらないんで、みたいな感じで住み込みの弟子入りって言うんですか。相撲部屋や落語界みたいな感じだと思います。寺に住んで、ご飯は住職家族と一緒に食べてました。寺の娘さんの幼稚園の送り迎えとかもしました（笑）。

大宮　ほうほう、つまり、家族になっちゃうんですね。

松本　拡張家族的な感覚はありますね。立ち位置としては個人事業主なんです。だんだんと本を書いたり、講演、法話をしたり個人活動をするようになりました。

大宮　在学中に実はビジネスを開拓する志向があったとかです？

松本　うーん。会社を経営する父を見て育ってるから、自分で生きていくもんだという感覚っていうか。

大宮　やっぱり。なかなかできないことですよ。その発想も実行力も。ご両親は心配されなかったんですか。

松本　父は経営者なので「自分の生きたいように生きろ」って。でもそう来たか、っていうのはあったと思います。母は実家がお寺だから理解はあるというか。

娑婆とお寺世界の架け橋にその思いからインドでMBA

松本　私はどこまでいってもこの寺（光明寺）の跡継ぎではないんで。逆にそうじゃないからこそ、いろいろ自由にやらせてもらいましたね。

大宮　例えばどういうことを？

松本　さきほど見ていただいた本堂の横にあるお寺カフェのスペース。あそこ、最初は何もなかったんですけど、ここは気持ちがいいなと思って、いすとテーブルを置きました。

大宮　すてき！　住職に反対されなかったんですか。

松本　住職のお母さんが「都心にあるお寺だから、いろんなことをやってみる責任があるのよ」と言ってくれて。

大宮　結果、どうだったんですか。

松本　20年前に始めて、みんなの憩いの場になっているから、よかったと思います。この辺りで働く方たちが、お弁当とか持ってきてゆっくりしています。メニューはコーヒー、紅茶、あとお坊さん手作りのお菓子があって。おさい銭制でやってます。

大宮　松本さんがコーヒーを出されてるんですか。

松本　自分だけではできないんで、就職が決まらなくて困っていた学生時代の他大の友達に「ここで店長やったら」と声をかけて。のちにお坊さんになっちゃったりとか。

大宮　本当ですか！

松本　ええ。今も店長さんしていますよ。今では、お坊さんの作る和菓子の本まで出されています。

大宮　えー！　ほかにはどういう〝松本の乱〟を起こしてるんですか。

松本　何か仕掛けるにも、もっと「娑婆力」が必要だって思ったんですね。お坊さんの学びのプロセスでは当然仏教を学ぶ機会はあるんです。

大宮　はい。

松本　でも、お坊さんってほとんどが寺の跡を継ぐので、最後の最後、やらなきゃいけないのは、お寺のマネジメントなのに、それを学ぶ要素が全然ないぞ、と。

大宮　なるほど。

松本　私自身もお寺出身じゃないからこそ、娑婆（社会）と、娑婆から閉ざされたお寺世界を結ぶ架け橋になりたい意識があって。架け橋になるには、もっと娑婆側のことに長けてなきゃと思い、インドにＭＢＡ（経営学修士）を取りに行きました。

大宮　すごい！　それをどう活用したんです？

松本　架け橋になりたいと思っているわけだから、企業で働いている人たちが一体何を考えて、どういう発想で、どんなモチベーションでそこにいるのか「言語」を学んだっていうことが大きかった。で、それを知るからこそ、ビジネス言語を話している人たちにとって、仏教っていうものがどんな意味があり得るのかを、翻訳できるようになるわけです。

大宮　そうか！　素晴らしいですね。

松本　で、もう一個。お坊さんがわざわざ仕事を休んで1年間留学しなくても、多少学べる学びの場を作ろうと思って、自分がMBAで学んできたことをほかのお坊さんにお裾分けするための「未来の住職塾」というのを始めました。

大宮　未来の住職塾のゴールは？

松本　今まで通りやってれば大丈夫という時代ではなくなっちゃったので、それぞれのお寺が、これからの事業計画を作れるようにするのが塾の目標です。もともとお坊さんたちの世界って他の宗派と交わることがほぼないんですけど、未来の住職塾は、経営という共通項があって、宗派を超えた学びの場になっています。

大宮　風雲児ですね。

松本　もう10年ちょっとやっているんですけど、仏教界の構造転換というか、それなりに大きなインパクトを与えたと思います。

大切なのは自分がいかに執着から離れていられるか

松本　今までは娑婆（社会）の知恵というか、経営の知恵を仏教界に持ってきたんですが、コロナ禍もあり、今こそ、生きる苦しみを2500年前から扱ってきた仏教の知恵を産業界に伝えていく時じゃないかと思って「産業僧」を始めました。

大宮　産業医みたいな？

松本　企業との契約によりますが、経営者や次世代リーダーと1対1で話す感じです。

大宮　みなさんの悩みを聞かれる？

松本　はい。「ここではどんな荷物も下ろしてもらっていいですよ」と伝えています。家族の悩みでも、親子、夫婦間のことでも何でもいいんです。

大宮　そうなんだぁ、仕事の悩みだけではなく、すごい。

松本　ＡＩの音声解析ツールも自社開発して使っています。医療でも音声は注目されており、声からその人のコンディションがわかります。最近は多くの企業でバーンアウトによる離職が増えていますが、例えば日報を音声アプリで入力してもらうことで、日々の声からリスクを検知し、早期の予防につなげます。

大宮　ＭＢＡを取ってらっしゃって、企業の言葉も分かるからいいですね。

松本　お坊さんの仕事って、自分で新しい言葉を作るオリジナリティーはいらないんです。ブッダや親鸞をはじめ、先人たちのたくさんの知恵があるので、それをどう現代の人たち、目の前の人に、翻訳するか。

大宮　キュレーションですよね。

松本　どの言葉をかけるといいか、僧侶としての腕の見せどころですね。

大宮　今までの人生で、うまくいかなかったことってないんですか。

松本　挫折体験でいうと、あんまりないような感じはしていて。じゃあ挫折知らずかっていうと、そんなことないと思うんです。例えば10年前に「10年後には絶対こういう自分になっていたい」と思ってかなったことが本当に成功なんだろうか。それは10年前の自分が想像できた範疇の中に留まっているということでもある。何が成功か失敗か定義しようがない。だから、私は想像がつかない未来のほうが面白いんです。逆にいえば、どうなっても、そういうもんだと思うんですよね。

大宮　普通はどうしても、こうなりたいなあって思っちゃうかもしれませんね（笑）。決めることを手放したのかな。

松本　僧侶の道を歩んでいなかったら、もっと苦しんでいたと思いますね。東大に合格して、大手企業に入るか、起業するか……何かを追い求めるのに終わりがない。疲弊して心が折れていたかもしれない。枠の中で戦っているとしんどいと思います。

大宮　なるほど。

松本　仏教では、苦しみの原因は思いどおりにしようと思うことである、と。大切なのは自分がいかに執着から離れていられるか。私自身、経験を重ねながらだいぶバランスが取れるようになってきたと思います。

大宮　仏教深い！　考え方一つで自分の心持ちが変わるものなんですね。

松本　世の中から「ステータスが高い」と言

われるようなものを持ってる人ほど人生の選択に悩むと思うんです。例えば、年収500万円の人と、年収5千万円の人が、いつかパン屋をやりたいと思っていたら、年収5千万円の人のほうが、人生の選択肢が多くて、本来はなりたいパン屋へのハードルが高くなってしまう。

大宮　確かに。

松本　だからね、東大を出て僧侶とかも、みんななかなかその選択ができない。東大卒の生かし方って、東大卒の人が群れてるところに突っ込んでいくだけではないんですけどね。

松本さんが作ってくれた道でみんながハッピーになる

予想がつかない人生を選んで僧侶になられた松本さん。そもそも哲学がお好きで学ばれていたその線上に仏門があったのだから、一

貫してはいる。

　普通の人は、こういうのが好きだなあという方向が見えているのに、一般的な社会通念やら経済活動やらを頭で考えて、普通ならこうだろうと、だいたい予測がつく方に進むんだと思う。それでも私はいいと思う。人生いろいろだもの。予測がつくほうに行ったとしても、人生は、きっとなんだかんだ予測がつかないものになる。そのくらいの余白のほうが、人生楽しめたりもする。

　それに、あんまり予測がつかないと、こわかったりしんどかったりするかもしれない。街に住めば、だいたいの安全は確保されるけど、森に住むとなると、いろんな危険と不便が伴う。でも心がすごく森を求めていたら、街で安全に住むより、深く息をできるんだろうなあ。すごく心が求めるものにあるタイミングで出会えたならそれはその人の、舵を切るタイミングなのかもしれない。

　常に、心、に聞くのがいい。心を無視しないでいいんだよというのが、東大を出て僧侶になられた松本さんの背中が教えてくれることかなあとも思う。

　若い人がね、いや若い人ではなくても、いまの生き方がしっくりきていない、あるいは、しっくりこなくなった人は、松本さんの生き方が参考になるかもしれない。

ただ、松本さんは、東大にいった先輩がほとんどいない学校から、自分で入試の傾向と対策を練って、独学で東大に合格した。つまり、松本さんはそもそも、パイオニアとしての能力がすごく高いのだと思う。道なき道を作る人。そしてそこに喜びを見いだす人。道なき道を作るのが、ストレスな人もいると思う。だからみんなが真似できることではないかもしれないけれど、松本さんの言う、予測や期待をしないから、どうなったとしても面白いというのは、しあわせの本質かもしれない。それはどの人にも当てはまると思う。予測したら、それとずれたときがっかりしてしまうから。

「今」を大事にする。今のこの風の心地よさ、今のこのソファの座り心地、今のこの自分の手の形、今のこの鳥の声、などなど、今自分がいいなぁと思うことをたくさん見つけていけば、こういうしあわせこそが、深く本来の自分とつながるしあわせで、それが定着していけば、新しい自分になる気がする。

松本さんはインドがお好きで、インドに行かれてそこでＭＢＡもとられた。インドでは、ガンジス川で沐浴している人もいれば、となりで火葬しているところもあるという、生き死にが、隠されず隣り合わせに、ただそこにある様子を目の当たりにしながら、それを日常として暮らしていらっしゃったことを考えると、「今」を大事にすることにも、長けていらっしゃるのかなとも思う。

インドでMBAをとり、再び日本に戻られてからは、経営をお寺の住職さんたちに、なんと宗派を超えて教えられているという。やはりまた、道のないところに道をつくる人。

企業にも入っていき、産業医ならぬ、産業僧として、仏教という教えをベースにして働く人の相談に乗る。これも誰もやっていないこと。

松本さんの作ってくれた道でみんなが、ハッピーになっていく。そういう意味では、東大受験が松本さんの誰もやっていない道を作る最初のステップだったとしたら、悪くない。

2023年10月9日号〜11月6日号掲載

慶應ボーイを経て
大相撲界初の
東大出身力士に

須山さん

すやま／1997年、埼玉県出身。慶應義塾大学を中退して、2018年に東京大学文科III類に入学。大学5年目の22年4月、新弟子検査を受け、5月に合格した。23年3月、東大文学部哲学科卒業。大相撲史上初の東大出身力士。木瀬部屋所属。東三段目二枚目（2025年初場所現在）

コロナ禍で〝不完全燃焼〟抱え
大相撲初の東大出身力士に

大宮　東大出て、お相撲さんになったんですよね。今おいくつですか。

須山　26歳です。

大宮　めちゃくちゃ若いですね。

須山　いや、相撲界だと、もう若くないですけどね。15、16歳で入ってくる世界なんで。

大宮　何歳で入られたんですか。

須山　2022年、24歳のときに入りました。実は、最初の年は大学に通いながら、相相撲やってたんです。

大宮　えー！

須山　まあ単位はほとんど取ってて、あと卒論書くだけだったので、なんとかなったんですけど。この部屋からチャリで大学に通ってました。

大宮　すごい！　東大には相撲部ってある？

須山　あるっすね。僕も相撲は大学から始めたんです。

大宮　えー！　相撲部に入ったのは、どうしてなんですか。

須山　格闘技をしたいと思ってたんですよね。ボクシングとかも考えましたけど、コンタクトのある競技をやりたくて。で、最初に相撲部に行ったら、楽しかったんで始めました。

大宮　文武両道はできたんですか。

須山　両道……できてないんじゃないですかね。留年1回してますし。

大宮　授業はあまり？

須山　いや、出たり、出なかったりですかね。それはでも部活のせいとかじゃないです。部活は週3回なんで。ただ怠惰なだけで（笑）。

大宮　週3回って少ないですよね。

須山　少ないですね。他の部活とかだと練習が週6、7回あって練習時間も長かったので。最初の頃は、大学時代、何か楽しくできたらいいな、という気持ちで相撲を始めました。

大宮　大会にも出てたんですか。

須山　出てましたね。でも、3、4年のときはコロナ禍で大会がなくなっちゃって。国公立大の相撲部の学生は僕みたいにほとんどが未経験で入部しているので、全国国公立大学対抗相撲大会での優勝をモチベーションにしているんですけど、それがなくなっちゃいました。

大宮　コロナはねぇ。そうなりますよねぇ。

須山　インカレとかはあったんですけど、そこでは勝てなくて。稽古もあんまりできなかったし、もうちょっと相撲をやりたいなっていう、不完全燃焼感がありましたね。

大宮　へえ。相撲部屋にはどうアプローチするもんなんですか。

須山　たまたま、木瀬部屋の部屋付き親方の稲川親方の知り合いの方がいて。一度体験に行って、稽古もさせていただいて、入門しました。

大宮　今まで東大から、相撲界に入門した人っているんですか。

須山　いないですね。僕が初めてで。

大宮　みんなは就職してるでしょ？　同級生が相撲部屋に行ったって、びっくりしてなかったですか。

須山　いや、「相撲部屋に行きたいんです」と話したら、相撲部の先輩は「いいじゃない、やりたいことあるならやったほうがいいよ」って。

大宮　むしろ、すごいじゃん、ですよね。憧れじゃないんです？

須山　実は、相撲界に入るのはそんな難しくないんです。身長、体重、年齢に制限があって、あとは健康診断をして、ある程度健康なら入れる。

大宮　ええっ!?　ほんとに？　続けていくのが大変なんですね、きっと。

須山　そこから上がっていくのは、実力次第なんです。さっき言ったように、不完全燃焼感があるんで、限界まで強くなりたいですね。

大宮　目標はあるんですか。

須山　まあ一応、東大出身なんで、「東大関」を目指してます。

大宮　面白い！

東大の相撲部に入る前は「楽しく慶應ボーイをしました」

大宮　なんで東大行ったんですか。

須山　高校2年生までは遊んでたんですけど、3年になって、さすがにちょっと勉強するかと思ってしてみたら、意外とできて。「じゃあ東大に行くか」って目指して、3度目で合格しました。

大宮　高3で目覚めて、いきなり東大目指すってめちゃくちゃですよね。

須山　そうですね（笑）。「野球部が甲子園を目指す」みたいなノリだったと思います。

大宮　予備校には行ってたんですか。

須山　現役のときは予備校に行かず、一人で勉強して行ってやるぜと思って落ちまして。2回目は、予備校に行ったけど落ちました。で、そのとき、慶應（義塾大学）に受かったので、慶應に一時進学したんですよね。

大宮　あ、進学したんだ。

須山　東大入試の得点を見たら、0・02点差で落ちてたんですよ。悔しかったんで、仮面浪人して、12月くらいから勉強して受かりました（笑）。

大宮　つまり、慶應ボーイになったんですね？

須山　腰掛けで1年、楽しく慶應ボーイをしました。単位も取ってたんですけど、もう一回東大を受けたら受かっちゃったんですよね。

大宮 すごいですね。慶應時代はサークルとかは？

須山 バンドサークルとインカレオールラウンドサークルに入り、楽しくやってました（笑）。ギターは、本当にちょっとやっただけです。

大宮 でも、慶應でバンドやってたのに、東大で相撲部とは、ガラッと変わりましたね。

須山 慶應でしょうもない大学生生活を1年間楽しんだんで、東大では何か一つしっかりやってみたいなと。

大宮 なるほど。今、力士になってどれくらい？

須山 1年半ぐらい。2年目です。

大宮 どんな1日なんですか。

須山 朝7時に起きて、8時から稽古して、11時ぐらいにご飯かな。ご飯を食べたら昼寝して、起きてちょっとトレーニングして、夕方4時に全体の掃除があって、また飯食って寝るという流れです。

大宮 稽古は土日休みとかじゃなくて、毎日あるんですか。

須山 決まった休みはないです。

大宮 週3回の部活動から、毎日になって、きつくなかったですか。

須山 最初はかなりきつかったですね。あと東大では、僕より重い人はあんまりいなかったんですけど、ここには僕より重い人しかいないので、体の負担とかも全然違って。首とか手首とか関節に負担がかかりました。

大宮 プロの生活には慣れました？

須山 1年かけて、ある程度は慣れてきました。というのも、3月は大阪、7月名古屋、11月に九州と地方場所があって、場所ごとに生活リズムとかちょっと変わってくるんです。部屋の生活には慣れてきたんですけど、最初の名古屋場所では、暑いし、慣れるのが大変でした。

大宮　成績はどうでした？

須山　5勝2敗で、まずまずの。

大宮　すごい、勝ち越し！

須山　まあ、当時序ノ口だったんで。

大宮　須山さん、目標を立てたら達成する力がありますね。だって、東大だって3度受験して達成。

須山　今は幕下昇進を目指してます。最初に決めたのが、3年で幕下に上がれなかったら、もうやめようと。

大宮　えー？

須山　だからあと1年半では上がりたいと思ってますね。このペースでいけば、いけるんじゃないかなっていう気はしてますね。

大宮　来年の今ごろには幕下ですね。

須山　そうなれるように頑張ります。

まげと着物姿で東京散歩「皇居の芝生で寝転がって」

須山　大学時代の半分がコロナ禍でした。リモート授業とかが中心だったんで、後期課程（3、4年生）の友達って、マジで一人もいなくて。

大宮　そうか、本郷のときはリモートだったんですか。野外で授業すればいいのにね。

須山　青空教室でよかったですよね。

大宮　リモートの授業は出ました？

須山　いや、（パソコンを）つけてるだけって感じでしたね。

大宮　そうだよね。単位は？

須山　レポートを出して、なんかよく分かんないけど単位をもらうって感じでした。

大宮　必修の授業とか、テストもありますよね。もしかして、テストもリモートであるんですか。

須山　ありましたね。

大宮　そんなのカンニングしまくりでしょう。

須山　……黙秘します（笑）。

大宮　（笑）。週3回の部活がない日は、何してたんですか。

須山　歩いてました。散歩が好きで。

大宮　えー。

須山　東京って、ちょっと歩くと、次の街になるじゃないですか。秋葉原からちょっと歩いたら神保町とか。それが楽しくてフラフラしてました。

大宮　まさか大学から秋葉原までとか歩いてないですよね。

須山　いや。でも駒場から東京駅まで2、3時間歩いたことありますよ。

大宮　散歩の域を超えてますね。

須山　何もないところを歩いても楽しくないですけど、街並みが変わって、「おー、表参道だ」みたいな。青山霊園の大久保利通の墓に行ってみたり、目白の旧田中角栄邸をのぞいてみたりとか。

大宮　テレビで散歩番組できますね。

須山　回ってきたら、一生懸命頑張ります（笑）。

大宮　散歩してて、「ここの町、好き」みたいなの、ありますか。

須山　半蔵門とか千鳥ケ淵のあたりじゃないですか。

大宮　へえ。渋いですねえ（笑）。

須山　半蔵門って、結構静かなんですよね。まわりに繁華街とかもなく。

大宮　お堀があるよね。

須山　その景色もきれいで。

大宮　皇居とかも行きますか。

須山　今もたまに行きますね。ちょっと散歩して、芝生で寝転がります。

大宮　芝生で寝転がってる？　まげで？　この格好で？

須山　力士はまげと着物で出歩くようにって言われているんで。

大宮　相当目立ちますね（笑）。旅もお好きなんですか。

須山　旅も好きっすね。大学の頃は、ＧｏＴｏトラベルを利用して、京都とか長崎、北海道に行きました。

大宮　いつから旅をするように？

須山　高校3年まで受験勉強をせずに何をしてたかというと、原付きの免許を取って、スーパーカブを買って、まず地元の埼玉県内を探検して。それで高2の夏休みを全部使って、日本一周の旅に行ったんですよね。北海道から屋久島まで行きました。

大宮　ガチですね。

須山　大学生のときも、バスを乗り継いで鹿児島まで行ったりとか。

大宮　もう一回、行きたいところは？

須山　北海道の山に登りたいですね。あと知床半島を縦走したいですね。

大宮　やりたいことが、ポンポン出ますね。

おいしいもの食べたりも？

須山　食べたいですね。ヒグマとか。

大宮　ヒグマ!?　いきなりヒグマなの？

須山　ヒグマって狩猟鳥獣なんで、食べられるらしいですよ。

大宮　変わってる！　須山さん、伝説の関取になるよ！

気持ちに正直に歩む須山さん　モラトリアム期間は財産に

東大から相撲取りになる。実際、そんな人は初めてなのだけれど、でも須山さんは自分の気持ちに正直に人生を歩んでいるんだなと思った。高2まで遊んでいたのに、東大だと決めると、そこから勉強しはじめて浪人して東大へ。

対談に出ていただいた割と若いかたみんなに共通していたのが、東大にいくと決めて、あきらめないこと。そこまでの自分の現状把握と、自分独自のゴールへの道筋を導き出せること。それがすごい。

私とは大違い。私の場合、現役のとき焦って、空まわりして、あだめだろうなあと思いながら受験して失敗。浪人時代は淡々とこつこつとやった。でも私の場合はもう東大じゃなくてもいいや、大学に行ければいいやと思っていた。

この連載では東大を出て、意外な職業の方に登場していただくことが多いが、それは世の中で言う〝わかりやすさ〟を表現しているのだと思う。東大からお坊さん、東大からお相撲さん。極論すると大学なんて、そして将来なんて、あんまり関係ないのだと思う。どの大学だって、どういう環境を自分で見いだして、どう学ぶかだし、あるいは学ばない4年間が良いひとだっている。あるいは大学に行かないことが良かった人もいるだろう。また、大学を出たからって自分の生きたい将来になるかはわからない。いい大学であってもいい企業っていう時代はもう終わったし、いい企業ってなんだ？という時代でもある。自分の納得いく将来を、無限の選択肢からどう選んでいくか、もしくはないところから生み出していくか。

ただ、出合いというのは大事かもしれない。何か自分にいい出合いがありそうな場所に環境に少し身を置くのがいい。そこから何かがはじまったり気づいたり、転がっていったりするから。

須山さんは慶應で仮面浪人しながら東大を目指した。その時の慶應での華やかな生活が、東大相撲部、そして、現在の挑戦につながっているようなことをおっしゃっていた。

力士を目指して小さい頃から進む人もいれば、ひょんなことで、これだ！と、力士を目指す須山さんのような人もいるかもしれない。それぞれの人生で相撲じゃなくてもそんなドラマは起きるかもしれないのだ。

しあわせなのは、これがやりたい！と思うことに出合えるかどうか。そして出合えるまでのモラトリアムの期間も、意外と大事だということ。須山さんが学生時代、ひたすら歩いていた、とか、屋久島とかいろんなところに旅にでた話などは、すごく豊かな気持ちになる。

無駄とか遠回りってすごく大切なように思う。これがやりたい！に早々に出合ってしまうと、遠回りの時間がもてなくなるから、それまでの間に散々、しょうもない！とか、あほみたい！な時間を過ごすのってその後の財産になると思う。

いま、効率とかタイムパフォーマンスがもてはやされているけれど、効率良くしてその後の時間はどう使うのだろうか。すべてその時間がなくなるまで効率を求めるのだろうか。

その人なりのタイム感があるから、正解なんてない。私は個人的に、結果、同じなんじゃないかなあと思っている。要は、どういうルートでも自分の人生というキャンバスに、自分で納得いく自分なりの絵が描けるかどうか。それでいいんだと思う。

須山さんは、3年で幕下に上がれなかったらもうあきらめる、なんて言ってたけど。それはそれで面白い。

でも、須山さん、頑張って!!

2023年11月13日号〜12月4日号掲載

「東大王」広めた〝加害者〟と自覚、「多様な学び伝えたい」

伊沢拓司さん

いざわ・たくし／1994年、埼玉県出身。2017年、東京大学経済学部卒業。10、11年に「高校生クイズ」史上初の個人2連覇。16年に東大発の知識集団・QuizKnockを発足。「東大王」などへの出演や、全国の学校を無償で訪問するプロジェクト「QK GO」を行うなど、幅広く活動中

高2までクイズに打ち込み受験では情報を武器に戦った

伊沢　この間、（ピアニストの）角野（隼斗）くんがこの対談に。

大宮　そうそう。お友達ですか？

伊沢　そうです。中高大と同じ学校の後輩で。1個下だったんですよ。

大宮　えーっ！

伊沢　彼は学生の頃からユーチューブやってたので同窓生には有名でした。一時期は、僕の名前が母校の一番有名な若手みたいな感

じで出てたのに、今はもう彼に取って代わられて。やられたーっと（笑）。

大宮　伊沢さんも、中高時代からもうクイズで有名だったんですか。

伊沢　中1からクイズやってて、高1と高2で、いわゆる「高校生クイズ」で優勝しまして、校内ではデカい顔をしていたんです（笑）。

大宮　（笑）。もうクイズ王だったんですね。すごい。学校って、開成？

伊沢　はい。夏休み明けに学校に行って、高校生クイズ勝ったぞってデカい顔していると、「あ、勝ったの、おめでとう」って言った隣の席のやつが、俳句甲子園で優勝してたりとか。囲碁の全国1位とか国際情報オリンピックで優勝したやつもいて。周りがすごい環境だったんで、いい意味で調子に乗らずにすみました。

大宮　開成って、やたら東大に行く、みたいな感があるけど、俳句とか、受験以外の余力がすごいあるんだね。

伊沢　高3の夏ぐらいまでは、勉強以外のことで輝いてるやつがかっこいい、みたいな。男モテですね。

大宮　そんな中、クイズは、伊沢さん以外にもする人がいた？

伊沢　当時は全然いなくて。クイズ研究部に入ったとき、全校生徒2100人中、部員8人で弱小でした。

大宮　部活なの？

伊沢　クイズ研究部です。それまでの「高校生クイズ」って、川下りしながらクイズするみたいなお遊び路線だったんですけど、ガチンコ路線になったタイミングだったんです。

大宮　難しくなったっていうこと？

伊沢　難しくなったし、クイズを大量に覚えて、早押しクイズの練習をしてみたいな特殊な訓練を積んだ者が勝ちやすくなったんですよ。先輩方の力もあってだんだんと有名になってきて、僕が高2で引退した頃は、部員が70人ぐらいになっていました。

大宮　受験勉強は？

伊沢　高2までは、クイズ一本集中で、授業中も教科書立てて、裏でクイズの問題集を読んでたんで、勉強全然してなかったんですよね。で、切羽詰まって、1年半はクイズを断って1日12時間勉強してましたね。

大宮　すごいなぁ、いろんな意味で。現役で？

伊沢　はい。学年に400人いて、150人東大に受かるような学校なので、もう、情報戦で有利というか。学校に行くだけでいい塾の先生とか、いい教材とかの情報が入ってきて。

大宮　予備校とかの情報も？

伊沢　そうです。例えば校内で「東進（ハイスクール）の林修の講座、申し込んだか。もう締め切るぞ」みたいな情報がブワッと回るんです。

大宮　林先生の授業っていいの？

伊沢　かなり論理的な教え方なので伸びを実感する子は多いですね。

大宮　深い！　他の教科はどこへ？

伊沢　英語は人づてに「先生が面白いよ」って聞いてヴェリタスに。哲学の授業みたいだったけど面白くて、すごく伸びました。あとは東進と臨海（セミナー）で数学を、古文漢文は学校で。やる気はあったので、情報という武器はとても有用でした。

大宮　いや、伊沢くんて、ストレートで気持ちいいね。

伊沢　今もそうですけど、僕はずっと集団戦で得してきたと思います。

クイズには特殊な訓練必要「東大生だからって勝てない」

大宮　私、全然クイズできないんですよ。むしろ、クイズ嫌いな感じなんですけど、昔、間違ってクイズ番組に出ちゃったことがあって。

伊沢　間違って（笑）。

大宮　「平成教育委員会」に出たんだけど、あまりに答えられないから、CM中に、ビートたけしさんから直々に「え、東大だよね」「ちゃんとやってよ」って言われたんです。「や、やってます」って（笑）。

伊沢　面白い！

大宮　最下位は徳光（和夫）さんで。後ろから2番目でした。

伊沢　徳光さんが最下位なのも、すごいですけどね。

大宮　もう二度とクイズ番組には出ねぇと思いました（笑）。迷惑かけるから。あれ、どうやったらできるの？

伊沢　いや、特殊な訓練が必要で。

大宮　特殊な訓練？　教えて！

伊沢　テレビに出てドジ踏まないためには、就活用の一般教養問題集とかを1冊さらっていくと、わりとトチらなくなるんですよ。

大宮　うぇー大変じゃん！　それ就活の時やりましたよ。SPIですか。

伊沢　SPIと一緒に売ってる一般常識みたいなのです。あれが、わりとクイズ番組とシンクロしてて、基礎力が付くんですよ。意外と一般教養問題集に載ってるんです。平成教育委員会はちょっと特殊ですけどね。中学受験の面白い問題を集めてるから。

大宮　それはどう対策したらいいの？

伊沢　僕は過去の映像とか見て、こういう傾向だなと把握します。あとは普段からクイズの大会で出るような問題をいっぱい解いてるんで、できるんですけど。別に一般の東大生をクイズ番組に出したからって、全然みんなうまくいかないと思います。

大宮　クイズ王ってどうやってなったの？　名人戦みたいのがあるの？

伊沢　明確なタイトルがあるわけじゃないんですけど、最初はＴＢＳの「東大王」で優勝をして、レギュラーとして毎週答えてるうちに、クイズ王といえば、になってましたね。

大宮　それって、最初は挑戦者で優勝するわけじゃないですか。で、レギュラーで、挑戦者が毎回来るっていうこと？

伊沢　そうですね。芸能人とかが挑戦者として来たりとかして。

大宮　それでずっと勝ち抜いてるわけ？

伊沢　そうですね。まあ負けたりもしたんですけど、おおむね勝ってたので。みんなが「こいつ強い」と思ったらクイズ王ですね。

大宮　どうやったら印象づくの？

伊沢　そうですね。僕がその、ずっとライフワークでクイズ史の研究をしてるんですけど、クイズの歴史をずっと見てきた中で、クイズ王として一般的な認知を得るためには、やっぱりレギュラー番組があるかどうか、すごい大事だなと思って。

大宮　うん、うん、分かる。黒柳徹子さんもそうだもんね。

伊沢　徹子さんも、「世界ふしぎ発見！」以外、別のクイズ番組に出てないにもかかわらず、ふしぎ発見が毎週続いてたから、クイズ王なわけですよ。

大宮　「クイズダービー」の竹下景子さんとかね。

伊沢　はい。3択の女王！　それに、はらたいらさんとかもまさにそうですよね！　僕は、たまたま「東大王」が素人を毎週出してくれる番組だったんで、それのおかげかな。

大宮　クイズ王だけあって、傾向と分析、なるほどだね！

伊沢　それが一番好きですね。

クイズのために東大を受験 やりたいことなくて苦労した

大宮　どうして東大に？

伊沢　高校生クイズに出たときに「志望校はもちろん東大」って勝手にアナウンスされちゃったんですね。

大宮　あららら。

伊沢　となると、東大行かないとクイズ番組に呼んでもらえないな、と。

大宮　(笑)。

伊沢　そういう不純な動機で受けたんで、入学しても、何していいか分かんないんですよ。

大宮　私もやりたいことなかったんです。だから東大にしたんですよね。

伊沢　進振り（2年次に3年からの学部を決める進学選択）があるからですか？

大宮　そうそう。1、2年は猶予があるじゃない。一般教養で理系じゃない授業が受けられた。その2年間で、何か見つかるんじゃないかと。

伊沢　僕はそれすらなかったです。入って、「ああ、もう何したらいいか分からない」ってなっちゃいました。とりあえず文IIで入ったから経済学部に行ったら、税制って面白いなというふうになったんで。たまたま見つかったからよかったですけど、結構な回り道にはなりましたし。

大宮　そっか、そっか。シケプリ（試験対策プリント）とかは？

伊沢　一応プリントをもらってはいたんですけど、後輩に渡そうとしたら、クラスのリーダー的な女の子に「勝手に渡しちゃダメ」ってめっちゃ怒られて。それで揉めてクラスから離脱しました。

大宮　よく留年しなかったね。

伊沢　ギリギリでした。男子校的な流儀でいっちゃったせいで、だんだんなじめなくなってきて。

大宮　待って待って。だって開成からたくさん同級生が。

伊沢　クラスにもう1人ぐらいはいるんですけど、多数派取れるほどではなく、入学して5月に同窓生で集まったら「何かうまくいかねえな」って全員言ってるんですよ（笑）。「女の子とうまくいかなくて」とか「ちょっとなじめねえわ」みたいな。

大宮　意外。親戚が東大に行きたいって言ったら、薦めます？

伊沢　その子にインタビューしたいですね。東大で何がしたいの？って。「やりたいことないと苦労するよ」という話はしておきたいですね、パイセンとして。東大が、というより、ほかの大学で相対的にできることが増えてきたりとか、設備が私大のほうが充実してたりとか。いい先生いっぱいいたりとかするんで。僕が本当に東大に行ったのが正解だったのかは、分かんないなと思います。

大宮 なんでほかの大学の施設が充実してるとか分かるの？

伊沢 ほかの大学に潜入したりしたんですよ。暇だったから。学食食べ比べとかしてました。

大宮 どこがよさそうだった？

伊沢 東洋と明治はキャンパスもきれいだし、飯うまいし、活気があって。早稲田も楽しめましたね。学生会館によく行ってたんですけど、設備が充実してるし、サークルもいっぱいあっていいなと思ってましたね。

大宮 へえ。

伊沢 でも、それを知った上で、やっぱり東大って、ちゃんと腰据えて勉強する環境はいっぱいあるなとは思いました。選択肢はすげー広いなというのも他を知って確認できた。

大宮 東大が一番合ってるじゃない。

伊沢 そうかもしれないです。いろんなことを勉強できて楽しかったんですよね。大学院時代に学部生向けの現代音楽の授業を取って、1920年代のブルースのレポートを必死こいて書いて、長い発表をして引かれる、みたいなことやったんですけど。それが許される環境だったんで。

「東大王」広めた加害者として東大の多様な学びを伝えたい

大宮　大学院に行ったんですよね。

伊沢　はい。農学部の大学院に。でも中退しました。研究もうまくいかないタイミングだったし、たまたまレギュラーでクイズ番組に出させていただいていて、学部生の頃に始めたクイズの事業のほうでいこうと。

大宮　その、「QuizKnock」って、どういうサービスを提供してるんですか？

伊沢　大学4年生で始めたんですけど、最初は時事ニュースをクイズでお届けするウェブメディアをやったんですね。それが全然うまくいかなくて。

大宮　え？　すごく面白そうなのに。

伊沢　最初はめちゃ苦しかったです。僕が編集長やってたんですけど、家の電気とかネットも止まってたんで、家でも作業できないし、マック（マクドナルド）で100円のコーヒーで粘りながら長時間作業して、という生活でしたね。

大宮　PV（ページビュー）が伸びるまでは。

伊沢　東大の情報リテラシーの高い子たちにバイトをお願いしていたので結構給料もかさんで。もうどうすんだ、となったときにユーチューブを始めたらたまたま伸びて。

大宮　へぇ。それは自分が出て？

伊沢　はい。クイズを使った動画なんですけど、「きょうは4千択のクイズです」みたいな、ぶっ飛ばしたようなやつが伸びたんで。

大宮　なるほどね。それはもう時事問題関係なく？

伊沢　はい。エンタメに振り切って。そしたらウェブメディアも伸びてきて、収益が伸びてきたら真面目なテーマにもチャレンジできて。楽しんでいるうちに学びのハードルが下がる、というか。今は学校での講演とかアプリとかで教育支援をしてます。

大宮　それはどういうやつ？

伊沢　英単語や漢字などの知力を鍛えるクイズゲームアプリとか。暗記アプリみたいなやつも開発中です（現在は「Ｎｅｗｍｏｎｉｃ」としてリリース済み）。

大宮　じゃあ、勉強に使えるんだ。

伊沢　そうです、そうです。それから、いま頑張っているのは企業や行政とコラボしてワークショップをやったり。「未来のエネルギーミックスを考えよう」とか。

大宮　子どもたちは、クイズ好きだから、クイズをもとにいろんなアプローチができるんだねぇ。

伊沢　クイズって子どもたちからすると、大人と対等にしゃべれるツールかなと思うんですよね。でも、東大の名前でクイズ番組に出ることが、子どもたちに変な影響を与えてないかなとは考えました。「東大王」っていう番組に立ち上げから関わって人気番組になりましたけど、言ったら破廉恥なタイトルなわけです。「東大＋王」で、クイズが強いのが東大だ、みたいな。番組では全然そんなこと言ってないし、すごく丁寧に作られている番組ですけど、一方でそのタイトルの引きが強すぎて、東大というものが、学びと研究の機関というより、目指すべきブランドになってしまった側面は否めないと思うので、そうすると自分は加害者だなというのは、常に思ってます。だからこそ、東大ってもっと多様な学びがあるところだし、東大以外の大学もすごいところがいっぱいあることを伝えたいなとは思ってますね。

大宮 深くて真摯であったかいね。

伊沢 東大生自身も「東大」の名を過度に気にしちゃって、自分からレッテルに縛られにいってるなと思うこともあって。そこからは解き放たれてほしいというか。東大の名前より自分の名前を優先して、たくさんの物差しでもって自分を測ってほしいなと思いますね。

伊沢くんは「おかげさま」の人
気持ちいいくらい正直だった

伊沢くんは正直な人だった。気持ちいいくらい正直。「就職が、クイズ王ってこと？　なかなかいないよね」と聞くと、そうなんです、と言いながら、だから大学院に行ったと教えてくれた。経済学部を

卒業し、院を受けるも落ちて、受かったのが、農学部の院だったそう。

「もう研究もうまくいかないし、みたいなタイミングで、たまたまクイズ番組にレギュラーで出させていただいていて。それと学部のころに、すでに今やってるＱｕｉｚＫｎｏｃｋっていう事業を始めていたので、授業が疎かになっちゃったというか」

伊沢くんと話していて、この魅力はなんだろうなあと思いながら話を聞いていた。

「途中ね、本当に、校門をくぐるのすらできなくなっちゃって。怖くて」

意外と図太くないところがなんだか意外。

ＱｕｉｚＫｎｏｃｋにはたくさんのスタッフがいるそうで、そして伊沢くんはきちんとスタッフのケアもしているという。私なんか、スタッフは2、3人だし、経営もできないし、事業拡大なんて能はない。彼はきちんと経営者。ビジネスの話になるとそういう顔になる。でもそれが嫌じゃないのが不思議なのだ。

純粋で、お茶目で、それで頭の回転が速い経営者って、結構いるだろう。できる経営者の方ってお茶目だったり童心を忘れていなかったりするから。でも、その人たちとも違う何かが彼にはある。

クイズ番組の出演に関してこう言っていた。

「最初1、2年は、もう毎回こう、ガルルッみたいな（笑）、きょうはものにするぞみたいな気持ちで。シャーッて言って出てましたけど、クイズ王って呼ばれるようになったんですよ。おかげで、負けてもよくなったというか。結局、何に勝ったかとかは、みんな覚えてなくて、印象論の世界でしかないので、やっぱりレギュラー番組があるかどうか、すごい大事だなと思って」

この傾向と対策、どう自分を見せていくか、を分析している感じ。それが、嫌じゃない。なんでも魂胆を赤裸々に教えてくれる。でも、それが、なんかずるいとか、計算高い！って思わせない。ただ、かわいいやつめ、なのである。これが伊沢拓司なんだなあ。

どこか少年っぽさがずっとある。

それでふと思った。彼はもしかしたら、根底に、「俺ってダメなやつ」という意識がずっとあるのかもしれない。俺はすごい、選ばれている、というプライドみたいなのを感じない。俺はダメなやつだから頑張って分析して、こうなったんです！という少年漫画的な擬音が溢れる感じ。子犬のような印象を相手に与えてくる。自分ってダメなやつって思ってるから、かわいげもでてくるし、謙虚な品もある。感謝もある。

「(東大には)現役で受かりました。400人学年いて、150人受かるような学校なので。もう情報戦が違うというか。いい塾の先生とか、いい塾の教材とか。結局その、僕、ずっと集団戦で得してきたというか、QuizKnockも、ユーチューブも、僕一人じゃなくて、仲間5、6人でやってきたんで、それでずっと得してるというか。苦手なことを徹底的に他人にやってもらって生きてきたんですよね。相当得してると思います」

彼は、おかげさま、の人なんだなあ。みんなのおかげで、が前提にあるから、子犬のように笑顔で尻尾を振ったりできる。伊沢拓司という〝生き物〟にみんな魅了されている！

2023年12月11日号〜2024年1月15日号掲載

理Iで入学して文転
「留年」で無も
楽しめるように

小川哲さん

おがわ・さとし／1986年、千葉県出身。東京大学大学院在学中の2015年に作家デビュー。18年、同大学院総合文化研究科博士課程を退学。23年、『地図と拳』で第168回直木賞、『君のクイズ』で第76回日本推理作家協会賞長編および連作短編集部門を受賞

睡眠不足だと小説は書けない
だから寝たいだけ寝る生活

大宮　この連載では東大つながりでいろんなジャンルの方にお会いしてるんですけど、作家さんは小川さんが初めてなんです。作家の生活がどういう感じか全然分からなくて……。結構、飲みに行ったりするんですか。

小川　いや、そんなに頻繁には。小説家の「忙しい」って難しくて。サラリーマンだと会社から帰るのが遅かったり、土日に出勤しなきゃいけなかったりとか、そういう忙しさじゃ

ないですか。でも小説家って、肉体的に拘束されてるわけじゃないんで、「あした飲みに行こう」とか「あしたの昼、ディズニーランド行こう」とか言われても、物理的に行けることがほとんどだとは思うんですよね。

大宮　はい。

小川　だけど、例えば2週間後までに小説を上げなきゃいけないけど、構想がまだ決まってないから、遊びに行っても仕事のことを考えちゃうので行けないとか、そういう状態を〝忙しい〟と定義するかどうかって、難しい問題ですよね。

大宮　朝型ですか、夜型ですか?

小川　僕はランダムというか、打ち合わせや取材がなければ、寝たいだけ寝て、起きて、仕事して、また寝たいだけ寝るっていう生活なんで、生活リズムは、結構ズレることが多いですね。今は、比較的、朝早く起きてるんですけど。

大宮　ミュージシャンっぽい（笑）。

小川　小説を書くっていう作業って、睡眠不足でできる工程が1個もないんですよね。

大宮　うんうん。

小川　取材を受けたりとか、ゲラを直したりとか、メールを返したりとかは睡眠不足でもできるんですけど、小説を執筆するときは、頭がフルに動く状況じゃないと、なかなか詰め切れない。だから、僕の場合は、眠いっていう状態にならないようにすると、結構生活リズムがバラバラになっちゃうんですね。

大宮　じゃあ、睡眠がたっぷり取れていれば、小説を邪魔するものは、あんまりないですか。

小川　小説を邪魔するのは、ほかの小説ですよね。

大宮　え、どういう意味ですか？

小川　多くの作家って、同時に何本か企画をやってたりするんで。この小説についてじっくり考えたいけど、別の原稿の締め切りが近づいているから先にそっちをやらなきゃいけないとか、そういうのが多いですかね。

大宮　何本ぐらい抱えてるんですか。

小川　僕は同時にやるのがとんでもなくストレスなんでなるべく少なくしているんですけど、三つぐらいは。

大宮　えー。そんな、三つも同時に考えられなくないですか？

小川　同時に書くわけじゃなくて、ある程度、今週はこの作品、今週はこの作品っていう感じです。それでもやっぱり1週間たつとね、前の作品のことを結構忘れちゃうし、1回ごとに脳をリセットしなきゃいけないんで、ストレスは大きいですよね。

大宮　小説より好きなことは？

小川　寝るのが一番。

大宮　締め切りがなくなったら、これやっちゃいそう、みたいなのは？

小川　ほかの小説を読んだりとか、海外ドラマとか、映画を見たりとか、あとテレビゲームとか、スポーツ観戦も好きなんで、やりたいことは、いくらでもありますよね。

大宮　誘惑はたくさんありますね。

小川　でも、小説を書いて、それを本にするっていうプロセスでしか味わえない楽しさっていうのは、やっぱりあるんで。だから、締め切りがなくなったり、あるいは僕がすごいお金持ちになったりとかしても、小説を書いてるんじゃないかな。

論理的に矛盾しないように意識しながら書いてます

大宮　書きたいものって、どこから生まれてくるんですか。

小川　僕の場合は、書きたいこと、伝えたいことがあるというよりは、小説を通じて、考えてみたいことがあるっていう感じですね。こういう立場の人って何を考えてるんだろうとか、どうしてこういうことをしたんだろうとかを、小説というツールを使って考えてみたいんです。

大宮　じゃあニュースの事件から、発想したりもするんですか。

小川　そういうこともありますね。

大宮　小説の着想が湧いたときには、結構調べるんですか。それとも自分の空想で展開するんですか。

小川　調べながら書く感じですかね。ただ、調べすぎちゃうと、読者と知識量というか、視点が離れちゃうことがあって。だから、知らない人が興味を持続してくれる〝距離感〟みたいなのを、自分の中で適宜、調節しないといけなくて。

大宮　それでも、物語の結論を出すのは、自分じゃないですか。

小川　調べて分からないことをあれこれ考えるのも楽しいですし、調べて分かっちゃったことでも、資料にそのプロセスや理由が書いてあるわけじゃない。その人からどういうことを考えて、どういう経緯で、そこにたどり着いたのか、必要があれば考えるっていう感じですかね。

大宮　やっぱり理系的な脳が発揮されてる

んですかね。東大では理Iでしたよね。

小川　どうなんですかね。小説を書く上で、論理的に矛盾しないように、というのは意識しますけど。小説を書き終わったらまた頭から読み直すわけですよね。そうすると、間違いとか、面白くないところとか、登場人物の行動がとっぴに感じられる箇所があったりして、直します。それって、数学で途中式の間違いに気づいて、全部書き直すみたいな感覚に、すごく近いです。

大宮　そうなんですね。

小川　僕、人間の行動とか、せりふとか、決断とかのつじつまが合わないのはめちゃくちゃ気になるんで。

大宮　そういう性質って、日常生活に、支障をきたさないんですか。

小川　どうなんだろうな。でも、日常生活の支障が、今の小説の僕の、豊かな大地になってるところがあるんですよね。

大宮　豊かな大地？

小川　まあ例えば、僕、子どもの頃、野球のストライクとボールっていうのが、納得いかなかったんです。

大宮　えーっ。

小川　ストライクって動詞じゃないですか。ボールは名詞で、もっというとアウトは形容詞じゃないですか。全然意味が分かんなくて、野球部員に「おかしくない？」って聞いたり。

大宮　理屈っぽいとか言われそう。

小川　いやまあ、そうですね。でも、みんなが気にしてないことを気にすることって、作家にとってすごく重要な視点の一つだと思っているんで。

大宮　子ども時代にいじめられたりしなか

ったですか。

小川　そういう記憶はないですけど、……まあ面倒くさいやつとは思われていたかもしれませんね。それに、子どものころは、大人って話が通じないやつらだ、とばかにしてたんで。「なんでボールはボールなの？」とか聞いても、「そんなことといいから、さっさと行け」みたいな感じで。

大宮　じゃあ自分の中で、妄想する癖がついてたりしたんですかね。

小川　そうですね。まあ、昔から考え事をしたり、調べてみたりするのは、たぶん多かったんじゃないかなと思いますね。

大学生には留年がおすすめ
暇をどれだけ楽しめるか

大宮　大学には結構行ってましたか。

小川　学部生のころから、そんなに行ってなかったですね。大学院は授業がないんで、授業のために学校に行くことはあんまりなかったですし。図書館はよく使ってましたけど。

大宮　やっぱり管理されるのが嫌だから授業が嫌いみたいな感じですか。

小川　授業は昔から嫌いでしたね。基本的に授業って、参加してる人の知識とか知りたいこととかがバラバラじゃないですか。

大宮　うんうん。

小川　だから、自分が本当に興味を持っていたり、知りたかったりする内容を1コマ90分でちゃんと得られるかっていうと微妙な授業が多くて。

大宮　なるほど。

小川　本は興味ないところは飛ばせばいいし、面白かったら、その人の別の本や関連する書籍を読んだりとかして、自分のペースで学習ができるんで、授業は可能なら出たくなかったですね。あと、人が多い場所が好きじゃなくて。

大宮　じゃあ、なんで大学に行こうって思ったんですか。

小川　当時の僕は、たぶん勉強が得意だったから行くっていう感覚でしたね。どうせ頑張るなら一番難しい学校に行こうぐらいの。

大宮　なるほど。授業が嫌いだし、人がいっぱいいるところも嫌いなのに、火の中に虫が飛んでくみたいな（笑）。

小川　親からはね、「大学なんて、もう人生の夏休みだから」って言われてたんで。それに、東大選んだ唯一の理由は、「進振り」のシステムですよね。自分がどういう勉強をしたいか、何学部に進むかとかを2年後に決めていいし、理系で入っても文系の学問を研究できるっていうのは、当時、受験生の僕にとってすごく魅力的でしたね。18歳でやりたいことなんてわからないんで。

大宮　実際に理Ⅰで入学して、文転してますもんね。

小川　僕の場合は、一度工学部に進学したんですけど、やっぱり文転したいっていって、1年留年して。2023年に東大の学生が出している「東大新聞」のインタビューで「東大でやって良かったことは何ですか」って聞かれて、「留年」って答えたんですよね。

大宮　なんか、分かる。

小川　人生の豊かさって、暇な時間をどれだけ楽しく過ごせるかが結構大事なんじゃないかなって気がしてるんで。東大は塾に通っていっぱい勉強して入学してくる人が多いんで、そうすると空いた時間に何していいか分かんないから、予定を詰めちゃうみたいな人が結構いました。だから、留年して、無の中から楽しめるような人になると、人生楽しくなるんじゃないかなって。

大宮　社会人になりたくなかったっていうのもあるんですか。

小川　なりたくなかったですね。朝、目覚ましで起きるの、昔から嫌いだったし、人が多いところ、苦手だったし。誰かに命令されて、それに従うのも嫌いだったんで、そもそも会社員にはなれないだろうなっていうのは、自覚はしてましたね。

大宮　じゃあ、研究職がいいなと?

小川　ただ、研究者も結局、サラリーマンと一緒だって結論に至って。

大宮　大学院で気づいたんですか。

小川　そうですね。教授たちが日常業務の半分ぐらいは、大学の組織運営をやってて。

大宮　そうなんですか。へぇ。

小川　ただ研究してればいいっていうわけではなくて、講義もしなきゃいけないし、組織としての大学の仕事もしないといけない。その上で自分の研究となると、研究の割合は少ないっていうのは見えてきましたね。

嫌なことから逃げて「革命」が自分の感覚が言語化できた

大宮　会社員も大学の教授もやりたくない

って思ったとき、どういうふうに〝脱出〟計画を練ったんですか。

小川　自分ができる仕事の種類って何だろうと考えてみて、僕がそのとき思いついたのは、ミュージシャンか漫画家か小説家ぐらいだったんですよね。

大宮　なるほど、そうなんですね。

小川　で、僕は絵が描けないし、楽器も弾けないし、歌も下手くそなんで、まあ小説書いてみるかみたいな感じですね、どっちかっていうと。

大宮　シンプルですね。生き方がすごくまっすぐというか、迷いがないというか。嫌いなものがあるって、はっきりしていていいんでしょうね。

小川　なかなか好きなものが見つからない人も結構いると思うんですけど、そんなときは「これが嫌いだ」とか、「これをやってるときはストレスだ」ということをなるべくしないってことから考えるのも、一つなのかなっていう気はしますよね。

大宮　日本人って我慢する傾向にあるじゃないですか。

小川　逃げたくても逃げられない状況にいる方とかもいるだろうし、僕も我慢しなきゃいけないときはあるし、嫌なことが全くない世界ってないと思うけど、本当に嫌なことからは逃げて生きるのがいいと思います。

大宮　私も、学校がすごい嫌いだったのに気づくのが遅くて。やめちゃ駄目だって思ってたんです。

小川　分かります、分かります。僕の場合は、高校でラグビー部をやめたときに、洗脳が解けましたね。それまで、嫌なことを自分からやめたこと、なかったんですけど。

大宮　洗脳が解けるタイミングがあったんですね。

小川　体育会系って、「最後までやるのが偉い」っていう文化があるんで。部活の日の前の夜、「あした雨になんないかな」とか祈ったりしてたんですけど、ケガしてラグビー部をやめるってなったときに、「あ、別に、雨かどうか気にする必要ないじゃん」って。嫌なことってやめればいいんだと、革命が起きましたね。

大宮　なるほど。

小川　僕は体を動かすのもスポーツを見るのも好きだけど、体育会系のノリみたいなのは致命的に嫌いで。でも、なんで自分は部活が嫌なのかもよく分かってなかったんですね。

大宮　それをきっかけに、自分の気持ちに正直になっていったみたいなのはあるんですか。

小川　そうですね。本も、つまんなかったら、途中でやめるようになりましたよね。それまでは、一度手にした本は最後まで読んでたんですけど。

大宮　うーん、やめる美学！

小川　つまんない本を最後まで読むから、著者に対して怒るわけですよね。俺の時間奪いやがってって。でも、つまんなかった時点で読むのをやめれば、それほど怒りは湧かない。

大宮　なるほど。責任感とかで、嫌なことに不感症になってます。何か一個やめてみると、嫌だと感じやすくなったりしますかね。

小川　なると思います。嫌だと気づいてから、自分の感覚が遡及的に分かるというか言語化できるというか。

大宮　今後、こういうのをやりたいとか、あるんですか。

小川　やりたくないことがいっぱいあるって感じですよね（笑）。

大宮　聞いたことないです（笑）。

小川　とはいえ、生活していかなきゃいけないんですけど、やっぱり生活のこととかも、なるべく考えたくないですよね、本当はね。ただ自分が好きな小説を、好きな時間書いていくのが、理想形ですよね。

自分を尊重してあげられる人　小川さんの生き方に光明を見た

小川哲さんの生き方が一番、これからの時代の参考になるのではないかと思った。嫌なことから逃げる。逃げるにはどうするかを考

える。もう我慢する時代は終わったのだから。

　小川さんはとても誠実で優しい人だ。小川さんの正直で誰にでもわかりやすい話し方は、社会の中でがんじがらめになっている人や、いまだに「こうあらねばいけない」という世間体の中でがんばっている子どもたちに、あ、そういう考え方もあるのか、そういう生き方もあるのか、と一筋の光明を与えてくれると思った。そして小川さんもそうありたいと思って話してくださったのかなとも思った。

　誰もがみんな、多数派のルールで生きられるわけではない。みんなが当然のようにできていることが、ある子どもには、すごく苦痛だったりもする。それはその子にしかわからない。そして自分はどうしてできないのだろう?と悩んだり苦しんだりする。

　でも、違うのだ。みんなと同じようになんて、しなくていいのだ。右にならえじゃなくていい。小川さんの言う、「朝、目覚ましで起きるの嫌い」「寝たいだけ寝るっていう生活」、そういう普通の、でも普通なのに、みんながそんな生活できないって決めつけることをあきらめないことって大切だ。

「本当に嫌なことからは逃げて生きるといいと思う」

と小川さん。しびれた。
小川さんは自分を尊重するのが上手なんだと思う。そうしてあげようって。自分にとって寝るのって大事だから、大学教授も嫌だし、会社員も向いてなさそうだから、そうじゃない生き方を探してあげようって。私たちはすぐ、自分発信じゃなく、みんなはだいたいこうかな、とそこに当てはめていく傾向があると思う。

「なかなか好きなものが見つからない人も結構いると思うんですけれど、そんなときは『これが嫌いだ』とか、『これをやっているときはストレスだ』ということをなるべくしないことを考えるのも、一つ」と小川さんが言ってくれたとき、実はじーんと泣きそうになったのである。そんなふうに全国民の親御さんが子どもたちに言ってくれてたらいいなと思った。

うちの親は自由でいいよというタイプだったのに、私は自分で自分を縛り付けてしまう。ストレスになっていることも気づかず、自分の気持ちにもいつしか気づかず、状況を読み、みんながこうしてほしいんだろうなということを自己を犠牲にして全身全霊でやってしまう。

でも、小川さんはその転機も教えてくれた。

「体育会系って『最後までやるのが偉い』っていう文化があるんで。部活の日の前の夜、『あした雨になんないかな』って祈ったりしてたんですけど、ケガしてラグビー部をやめるってなったときに、『あ、別に、雨かどうか気にする必要ないじゃん』って。嫌なことってやめればいいいんだと、革命が起きましたね」

きっと、自分の声にちゃんと気づけるきっかけって、やってくるのかもしれないと、話を聞いていて思った。焦らずとも。

そんな小川さんの、東大でやってよかったことが「留年」。

「人生の豊かさって、暇な時間をどれだけ楽しく過ごせるかが結構大事なんじゃないかって気がしてるんで」「留年して、無の中から楽しめるような人になると、人生楽しくなるんじゃないかなって」

まさにそうだと思う。人生が何かを学ぶ学校だとしたら、何にも学ばず、誰の役にも立たない無の何年か、人生の留年があってもいい。そう思った。

2024年2月12月号〜3月4日号掲載

あとがき　　大宮エリー

いかがだったでしょうか。やっぱり東大って変な人が多いですよね（笑）。

そして偉大な人が多い。東大ってなんとなく頭いいっていうイメージを持たれるけれど、頭よくなくてもいいよね、という職業につかれる方もいますし、表現者になる方もいる。みなさんはどんな感想ですか。聞いてみたいなあ。

私が感じた対談ゲストのみなさんの共通点といえば、群れないってことかな、と思います。宇宙飛行士の野口聡一さんも言っていましたね。政治家にでもなれば違うのかもしれませんが、慶応とか早稲田みたいに、仲間！みたいなのがあまりないのではないか、とも思ったりしました。

まだまだね、他にも東大卒の面白い人がいらして、話してみたかったのですが、私の体調不良で連載が終わってしまいまして。申し訳ないことです。何かにかこつけて人に会うことは大事だなと、いま、「あとがき」を書いていて思います。

意外に思われるかもしれませんが、私自身はそもそも誰かに会いたい！　つながりたい！とすごく思っているタイプではないのです。よく、こんなことを言われます。「どうして大宮エリーさんは顔が広いのですか？」と。そんなこと全然ないのですが、たぶん、そんなに有名でもないのにいろんな有名な人を知っている、つながっているということに、疑問を持たれているということなんでしょうか。たびたび聞かれるのでいつもこう言っていました。「そこまで人に興味がないからじゃないだろうか」と。

もちろんお会いしたら、その時間がその方にとっていい時間になったらいいなという思いはあります。でも、こういうふうに話を持っていきたいとか、ないんですね。ただお茶飲んで縁側で話しているような。でも、実のない話をしていても「時間返せ！」となりますから、私が壁打ちの「壁」になり、話してるうちに、相手の方が、あ、自分のこんな面もあるよなー、と思うとか、勝手に、少し得した気持ちになってくれたらもうけものです。その方がその日、ああ、大宮エリーってのに会って、こんなこと考えたなあとか、いつもしない話できたなあってなったらいいわけです。

そんなふうに言ってきましたが、最近も同じことを言われたので、さすがにもう一度考えてみました。それで、書きづらいのですが、「どうして大宮エリーさんは顔が広いのですか？」の回答として、こんなことも思いつきました。

「私がもしかしたら地味に面白いのかもしれない、人として」と。

自分で自分を褒めている……！　でもね、これは、この東大本の「あとがき」に関係する気がするんです。できるだけおもろく生きるって大事な気がするんです。

人生は面白いことばかりではないです、そんなに。日々大変です。受験時代だって今思えば、よくやったなと思うし、もう一度高校生になったとしたら、大学には行かないと思います。ただ、こうじゃなきゃいけない！というのはないと思うんですね。思ってたのと違うなあとか、こうなりたかったけどなってないな、とかあると思うのですが、それを受け入れる。面白がる。そこにはきっと何か意味があるのですから。

今回、東大卒だから同窓として協力してよ、というていで、みなさんの人生のワンシーンを話していただいたわけです。年代は異なりますが、みなさん同じように大学時代の話をしながら今を語る。やはり見えてくるのは、東大だからこうじゃなきゃいけないっていうことはないということですよね。

それからこれは、「東大本」のイメージとは真逆の結末になりますが、対談を終えたいま、私はこう思います。別に偉大じゃなくていい、尊敬されなくてもいい、自分が、自分を楽しめたらいいんじゃないかな、と。

人と会うときに自分の経歴やスペックなんて話さずとも、日々、くすくすと面白く生きている人は、何をしている人でも魅力的ですよね。

そんな人に私はなりたいと思っております。

2025年1月